U0799888

第一次炒股票买基金就赚钱

牛博士◎著

南方日报出版社
NANFANG DAILY PRESS

图书在版编目（CIP）数据

第一次炒股票买基金就赚钱 / 牛博士著. —广州：南方日报出版社，2007.7
ISBN 978-7-80652-642-2

Ⅰ. 第…　Ⅱ. 牛…　Ⅲ. ①股票—证券交易—基本知识—中国②基金—投资—基本知识—中国　Ⅳ. F832.51　F832.48

中国版本图书馆 CIP 数据核字（2007）第 098426 号

第一次炒股票买基金就赚钱

著　　者：牛博士
出版发行：南方日报出版社
地　　址：广州市广州大道中 289 号
电　　话：（020）87373998-8502
经　　销：全国新华书店
印　　刷：广东金冠科技发展有限公司
开　　本：787mm×1092mm　1/16
印　　张：9.5
字　　数：200 千字
印　　数：5000-10000 册
版　　次：2007 年 7 月第 1 版
印　　次：2007 年 9 月第 2 次印刷
定　　价：23.80 元

投稿热线：（020）87373998-8503　**读者热线**：（020）87373998-8502

网址：http://www.nanfangdaily.com.cn/press　http://www.southcn.com/ebook

如发现印装质量问题，影响阅读，请与承印厂联系调换。

目　录

CONTENTS

前言 / 1

第一部分　第一次炒股票就赚钱

第一章　不能不掌握的股票买卖流程 / 2

第一节　快速办理股票开户手续 / 2

第二节　你身边的证券公司 / 5

第三节　炒股交易时间 / 8

第四节　沪深两市新交易规则的不同之处 / 10

第五节　炒股票的程序与方式 / 11

第六节　电话炒股最安全最便宜 / 12

第七节　轻轻松松在网上炒股 / 14

第八节　会卖股票是师傅 / 15

第二章　不能不掌握的炒股专用语 / 19

想要炒股，首先必须掌握最基本的股市专用语，否则，连股市行情都看不懂，股民说的话也听不懂，电视节目中的评论也听不明白，那根本不可能赚钱。本章介绍的这些炒股专用语是一个新股民必须掌握的基础知识，很多人都是从学习这些基础知识开始，一步一步学会炒股的。

第三章　选股不如选时 / 40
第一节　选股要选不断盈利的公司 / 40
第二节　只要抱着少数杰出公司就够了 / 42
第三节　选股选时机 / 44
第四节　快速捕捉黑马 / 46

第四章　价值投资是赚钱的唯一机会 / 47
第一节　分析上市公司竞争优势的方法 / 47
第二节　分析上市公司成长性的方法 / 48
第三节　分析上市公司组织管理机构的方法 / 52
第四节　分析上市公司财务报表的方法 / 58

第五章　不能不掌握的博弈分析方法 / 65
第一节　散户与庄家的零和博弈 / 65
第二节　最常见的庄家操作手法 / 66
第三节　跟庄跟得好不如出货出得巧 / 71

第六章　不能不掌握的技术分析方法 / 74
第一节　分析股票换手率的方法 / 74
第二节　分析股票趋势线的方法 / 75
第三节　分析股票 K 线的方法 / 78
第四节　分析股票均线的方法 / 92

第七章　不能不掌握的看大盘方法 / 98
第一节　分析大盘行情的方法 / 98
第二节　分析大盘及个股即时走势图的方法 / 99
第三节　盯盘下单的基本方法 / 102

第二部分　第一次买基金就赚钱

第一章　必须掌握的基金买卖流程 / 106
第一节　新基民与基金管理人、基金托管人关系明确 / 106
第二节　基金公司内部是怎么操作的 / 107
第三节　买卖基金的程序和步骤 / 108
第四节　降低基金投资成本的方法 / 112
第五节　把握买卖基金的时机 / 114
第六节　怎样在网上进行基金交易 / 117
第七节　炒基金必知的常用语 / 118

第二章　必须掌握的基金选购方法 / 132
第一节　阅读基金招募说明书的四个重点 / 132
第二节　如何挑选出有价值的基金 / 133
第三节　看谁在拿着我的钱投资 / 136
第四节　基金的价值就是基金的赚钱能力 / 137
第五节　基金组合因人而异 / 138

第三章　必须掌握的基金转换与赎回方法 / 143
第一节　阅读基金年报的方法 / 143
第二节　基金分红 / 145
第三节　基金转换 / 146
第四节　减少基金在途时间的窍门 / 148
第五节　灵活退出基金投资的几种情况 / 149

第四章　如何买卖不同类型的基金 / 151
第一节　如何买卖开放式基金 / 151

第二节　如何买卖指数基金／158
第三节　如何买卖定期定额基金／166
第四节　如何买卖 LOF 基金／171
第五节　如何买卖货币市场基金／174
第六节　如何买卖封闭式基金／178

后记／182

前　言

通向财富的道路有千万条，但千万条路都惊人地相似。而且，拼力积累财富的人也惊人地相似，在心理特征上他们就像是同一个模子压出来的一样。绝大多数富翁都是出身贫穷的人，积累金钱对于那些一贫如洗的人有着不可抗拒的力量。这些人是富有冒险精神的，他们敢于冒那些脚踏实地地、像苦工似的赚钱的人所不敢涉足的风险。富翁胆子大，很有冒险精神，他就是不愿意进行平稳的投资操作，他就是喜欢“玩个心跳”；贫民胆子比较小，遇到良机，往往犹豫不决，只喜欢安安稳稳地赚点小钱。

人和人之间之所以有差距，就是因为胆识有差距啊！就是因为把握时机的能力不一样啊！

就拿炒股票买基金来说，普通人大多会挑选“保本”计划，觉得年回报有9%～10%就已经满足了；富翁往往会去购买一定比例的股票型基金，回报会多一点。但“富翁思维”一定不会购买保本基金，因为他们明白：低风险，便是低回报，不可能有太高的回报。普通人图安逸，富翁爱挑战——这是两种截然不同的态度。“胆商”高，机会自然多；“胆商”低，机会不会多。

普通人的羊群性格很明显：他会跟着大众思维走，不会独领风骚，不敢去尝试新事物。他怕失败，怕被人家笑话，他要等到大部分人都认同他的见解后才会去干，所以，他的成就也只能是一般。以买基金为例，狼群性格的人在股票型基金净值达到1.30元时已经购进，羊群性格的人最终等到2.30元时才会购进。“狼”已经赚钱，而“羊”买进时的价位已经比较高，很可能最后导致亏损。

“最传奇的基金经理”彼特·林奇说：“买股票（基金），决定最后结果的是耐力，而不是头脑。”在股市下跌的时候，不应该害怕而逃离，而是在每一次下跌到尾声的时候增加投资。“世界股神”沃伦·巴菲特说：“只有在退潮时才能看清谁在裸泳。”明知山有险，偏向虎山行，何况眼下是大牛市。

其实，无论是在牛市行情里，还是在熊市下跌市道里，无论是新股民还是新基民，只要你能赚到钱，就是硬道理。炒股票买基金，赚钱才是硬道理。我们顺势而为，我们相信自己能笑到最后。十年不遇的牛市，投资股票、基金是当今的最佳选择。好股票、好基金赚钱多。相比之下，银行利率低，炒房周期长、变现难、税费高。时下有句流行语为证：上班不如炒股票、买基金！

2007年间，身边的人都在谈论股票、基金，“海归”博士炒股票买别墅，大学生买基金赚6万……2007年第一季度沪深股市新开户数屡创历史新高，8800万、9000万一个个被突破。4月18日至4月20日，连续3天开户数突破20万，3天开户数超过2005年全年开户数。此外，第一季度A股总成交量和总成交额也均创出历史新高。随着股市的持续上涨，一轮基金狂潮席卷而来。据悉，市场上的300多只基金全部赚了钱，最牛的基金经理为投资者带来了高达182%的回报，全体基民在2006年度的最低收益率为59.35%。2007年，随着上证综指一路飙升到4300点，基金单日开户数也屡创历史新高，仅第一季度基金新增开户数就高达300多万户。

俗话说“你不理财，财不理你”，只有增加理财投资收益才能改变家庭现状，实现从穷到富的转变！你需要学习投资理财知识，然后再选择适合自己的理财工具——股票、基金或其他金融产品，让自己成为富股民、富基民！现在国家经济形势这么好，正是理财赚钱的好机会。

本书针对我国新股民、新基民的特点，结合我国证券市场的实际情况，从实战操作性出发，全面揭秘炒股票、买基金的赚钱方法和盈利要点，方便你找到适合自己的理财策略，帮助你在证券市场里赚得更多。

第一部分　第一次炒股票就赚钱

第一部分从实战操作性入手，全面系统地介绍了炒股最重要、最基本的方法与技巧。具体内容包括：不能不掌握的股票买卖流程，不能不掌握的炒股专用语，选股不如选时，价值投资是赚钱的唯一机会，不能不掌握的博弈分析方法，不能不掌握的技术分析方法，不能不掌握的看大盘方法。在内容上尽可能按照新股民炒股过程中所遇到问题的先后顺序进行编排，循序渐进，深入浅出。语言浅显易懂，方法简捷实用，并根据中国股市实际提供了许多实例或图表，使新股民一看就懂、一学就会。

第一章　不能不掌握的股票买卖流程

第一节　快速办理股票开户手续

新股民炒股票需要先开户，开户的话可以找证券公司的营业部柜台办理，柜台营业员会帮助办理相关事宜；现在一些开办“银证通”的银行柜台也可以代理开户。具体流程可参考下面步骤：

一、开立上海、深圳证券账户卡

（一）开立上海证券账户卡

新股民：到上海证券中央登记结算公司在各地的开户代理机构处，办理有关申请开立证券账户手续，带齐有效身份证件和复印件。

法人机构：需提供法人营业执照副本原件或复印件，或民政部门、其他主管部门颁发的法人注册登记证书原件和复印件，法定代表人授权委托书以及经办人的有效身份证明及其复印件。

委托他人代办：需提供代办人身份证明及其复印件和委托人的授权委托书。

开户费用：个人纸卡 40 元，个人磁卡本地 40 元/每个账户，异地 70 元/每个账户；法人机构 400 元/每个账户。

（二）开立深圳证券账户卡

新股民：通过所在地的证券营业部或证券登记机构办理，需提供本人有效身份证及复印件，委托他人代办的，还需提供代办人身份证及复印件。

法人机构：持营业执照（及复印件）、法人委托书、法人代表证明书和经办人身份证办理。

证券投资基金、保险公司：开设账户卡需到深圳证券交易所直接办理。

开户费用：个人50元/每个账户，法人机构500元/每个账户。

二、证券营业部开户

新股民办理上海、深圳证券账户卡后，到证券营业部买卖股票前，需首先在证券营业部开户，开户主要在证券公司营业部营业柜台或指定银行代开户网点，然后才可以买卖股票。

证券营业部开户程序如下：

（一）个人开户需提供身份证原件及复印件，上海、深圳证券账户卡原件及复印件。

若是代理人，还需与委托人同时临柜签署《授权委托书》并提供代理人的身份证原件和复印件。

法人机构开户：提供法人营业执照及复印件，法人证明书，证券账户卡原件及复印件，法人授权委托书和被授权人身份证原件及复印件，单位预留印鉴。B股开户还需提供境外商业登记证书及董事证明文件。

（二）填写开户资料并与证券营业部签订《证券买卖委托合同》（或《证券委托交易协议书》），同时签订有关沪（上海）市的《指定交易协议书》。

（三）证券营业部为新股民开设资金账户。

（四）需开通证券营业部银证转账业务功能的新股民，注意查阅证券营业部有关此类业务功能的使用说明。

选择交易方式：

新股民在开户的同时，需要对今后自己采用的交易手段、资金存取方式进行选择，并与证券营业部签订相应的开通手续及协议。例如：电话委托、网上交易、手机炒股、银证转账等。

三、“银证通”开户

开通“银证通”需要到银行办理相关手续。

开户步骤如下：

（一）银行网点办理开户手续：持本人有效身份证、银行同名储蓄存折（如无，可当场开立）及深沪股东代码卡到已开通“银证通”业务的银

行网点办理开户手续。

（二）填写表格：填写《证券委托交易协议书》和《银券委托协议书》。

（三）设置密码：表格经过校验无误后，当场输入交易密码，并领取协议书客户联。即可查询和委托交易。

四、B 股开户

（一）B 股的开户程序

1. 凭本人有效的身份证件到其原外汇存款银行将其现汇存款和外币现钞存款划入证券商在同城、同行的 B 股保证金账户。境内商业银行应当向境内居民个人出具进账凭证单，并向证券经营机构出具对账单。

2. 凭本人有效的身份证件和本人进账凭证单到证券经营机构开立 B 股资金账户，开立 B 股资金账户的最低金额为等值 1000 美元。

3. 凭刚开立的 B 股资金账户，到该证券经营机构申请开立 B 股股票账户。

（二）上海 B 股开户

凭 B 股资金账户证明，到境内具有经营 B 股资格的上海证券交易所证券营业部申请开立 B 股股票账户。开户时须提交：本人有效的身份证件，1000 美元以上的银行进账凭证，《上海 B 股境内居民个人开户登记申请表》以及上海证券交易所及登记公司认为需要提供的其他材料。

开户费：个人按 19 美元/户标准收取，机构按 85 美元/户标准收取。

（三）深圳 B 股开户

新股民到具备从事深圳证券交易所 B 股业务资格的证券营业部、深圳证券交易所委托的开户代理机构办理 B 股证券账户。

1. 境内个人须提交：居民身份证及其复印件，金额 7800 港元（相当于 1000 美元）以上的外汇资金进账凭证及其复印件。

注：境内个人办理 B 股开户必须是本人亲自办理，不得由他人代办，境内法人不允许办理 B 股开户。境外个人投资者可委托他人代办，每个人只能开立一个账户。

2. 境外个人投资者须提交：境外居民身份证或护照、其他有效身份证件及其复印件。

3. 境外机构投资者开立 B 股账户须提供：商业注册登记证、授权委托书、董事身份证明书及其复印件、经办人身份证件及其复印件。

开户费：个人每户 120 港元，机构投资者每户 580 港元。

（四）证券营业部 B 股开户

在证券公司属下证券营业部开立 B 股保证金账户，须提供以下文件原件及复印件一份，并签署各项有关开户文件，预留印鉴或密码：

1. B 股代码卡。

2. 个人的有效身份证件或机构的有效营业执照及机构法人签署的委托代理授权书和委托代理人身份证件。

3. 代理开户的，户主授予代理人各种权限公证书。

4. 沪市须办理指定交易。

证券账户开立费用

业务分类		收费项目	收 费 标 准
沪 A	个人/纸卡	开户费	40 元/户
	机构账户		400 元/户
沪 B	个人		19 美元/户
	机构账户		85 美元/户
深 A	个人		50 元/户
	机构账户		500 元/户
深 B	个人		港币 120 元/户
	机构账户		港币 580 元/户

第二节　你身边的证券公司

1. 银河证券

联系电话：800－820－1868　010－6656－8915

网址：http：//www. chinastock. com. cn

2. 国信证券

联系电话：800－810－8868

网址：http：//www1. guosen. com. cn

3．中金国际

联系电话：010 –6505 –1166

网址：http：//www. cicc. com. cn

4．海通证券

联系电话：400 –888 –8001　021 –962503

网址：http：//www. htsec. com

5．申银万国证券

联系电话：021 –962505

网址：http：//www. sywg. com. cn

6．招商证券

联系电话：95565　400 –888 –8111　0755 –2695 –1111

网址：http：//www. newone. com. cn

7．中信建投证券

联系电话：400 –888 –8108

网址：http：//www. csc108. com

8．华泰证券

联系电话：025 –8445 –7777

网址：http：//www. htsc. com. cn

9．中信证券

联系电话：010 –8486 –8330

网址：http：//www. cs. ecitic. com/

10．光大证券

联系电话：400－888－8788
网址：http：//www. ebscn. com

11. 东方证券
联系电话：021－962506 或 400－888－8506
网址：http：//www. dfzq. com. cn

12. 中国建银投资证券
联系电话：4006－008－008
网址：http：//www. cjis. cn/

13. 联合证券
联系电话：400－888－8555　0755－2512－5666
网址：http：//www. lhzq. com

14. 长江证券
联系电话：027－6579－9999
网址：http：//www. cz318. com. cn

15. 中银国际证券
联系电话：021－6860－4866
网址：http：//www. bocichina. com

16. 华西证券
联系电话：4008－888－818
网址：http：//www. hx168. com. cn

17. 平安证券
联系电话：0755－8226－1770
网址：http：//www. pa18. com

18. 国泰君安证券

联系电话：4008 – 888 – 666 021 – 6258 – 3439

网址：http：//www. gtja. com

19. 第一创业证券

联系电话：0755 – 2583 – 2583 转

网址：http：//www. fcsc. cn

20. 方正证券

联系电话：0571 – 96507

网址：http：//www. foundersc. com

21. 西南证券

联系电话：023 – 6378 – 6633 或 6378 – 6699

网址：http：//www. swsc. com. cn

22. 华欧国际证券

联系电话：021 - 3878 – 4818

网址：http：//www. cesl. com. cn

23. 华龙证券

联系电话：0931 – 8730264 或 8888088

网址：http：//www. hlzqgs. com

注：精选出部分证券公司，以上联系方式如有变化，请读者以媒体公布的新联系方式为准。

第三节　炒股交易时间

一、开盘交易时间

沪深证交所市场交易时间为每周一至周五。

上午为前市，9：15 至 9：25 为集合竞价时间，9：30 至 11：30 为连续竞价时间。

11：30 至 13：00 为中午休息时间。

下午为后市，13：00 至 15：00 为连续竞价时间。

15：00 交易结束。

有一新股民问道：在股市交易时间外，11：45 下的委托单有效吗？

正确的回答是，这个委托单到下午能自动提交，这叫挂单。

二、休市日

周六、周日和公告的休市日不交易。（一般为“五一”、“十一”、春节等国家法定节假日）

三、股票在什么情况下暂停交易

（一）上交所暂停交易规定

1. 即时停牌

上交所即时停牌规定

内　　容	停牌时间	备　　注
公布年报、中报	半个工作日	如逢休市，次交易日补停半天
召开股东大会	一个工作日	如审议非重要事项，则不停市
公告分配方案	半个工作日	如逢休市，该公司股票次交易日补停半天
公布配股说明书	半个工作日	如逢休市，该公司股票次交易日补停半天
公布重大股权变动	半个工作日	如逢休市，该公司股票次交易日补停半天
公布重要信息	半个工作日	如逢休市，该公司股票次交易日补停半天

2. 短期停牌

上交所短期停牌规定

内　　容	停牌时间	备　　注
存在引发股价异常波动的事实	视情况定	须待公司澄清后，方能复牌
证券交易所、证监会认为必要时	视情况定	待处理结束公司公布后，方能复牌

（二）深交所暂停交易规定

深交所停牌规定

内　　容	停牌时间	备　　注
公布年度报告	半个工作日	
公布中期报告	半个工作日	
召开股东大会	视情况定	如会议期间与开市时间重叠，自股东大会召开当天起，相关证券停牌，直至其所披露资料在指定报刊上公布的当天下午开市时复牌
公告预分配股方案	半个工作日	
公告重大事件	半个工作日	
引发股价波动传言	视情况定	停牌后，须待该公司公开澄清后，方能复牌
处罚性停牌	视情况定	停牌后，待处理结果公布后，方能复牌

第四节　沪深两市新交易规则的不同之处

新交易规则不仅将原有的《深圳、上海证券交易所交易规则》一分为二，而且沪深两市的交易规则在某些方面还存在着不同之处。最明显的不同之处表现在沪深两市交易规则的第三章“证券买卖”中关于申报与竞价的相关内容里，其中最主要又体现在无价格涨跌幅限制证券的竞价及连续竞价的过程中。比如，同样是新股上市的首日交易，深市交易规则规定，股票上市首日开盘集合竞价的有效竞价范围为发行价的900%以内，而沪市交易规则的规定却是股票交易申报价格不高于前收盘价格的200%，并且不低于前收盘价格的50%。又如，同样是债券上市，深市交易规则的规定为，债券上市首日开盘集合竞价的有效竞价范围为发行价上下的30%，而沪市交易规则的规定却是债券交易申报价格最高不高于前收盘价格的150%，并且不低于前收盘价格的70%。此外，对于基金上市的交易，深市交易规则并未作出明确规定，而沪市交易规则对基金上市的交易作出了明确的规定，其规则与债券上市交易相同。

一个新股民很可能既是深市的股民，同时又是沪市的股民。如此一来，沪深两市交易规则的不一致就难免会给股民带来不必要的麻烦。作为新股民来说，不仅要弄清交易规则的内容，而且还要分清哪个规则是深市的，哪个规则是沪市的。而一旦把二者弄混淆，错把深市的交易规则当成了沪市的交易规则，那么一旦新股上市或新的基金、债券品种上市之时，新股民的操作显然就会出现失误。所以，为了避免因交易规则不同所造成的操作失误，新股民不能不掌握沪深两市新交易规则的不同之处。

第五节　炒股票的程序与方式

新股民开立了股票账户和资金账户，并掌握了有关股票交易的规则之后，就可以进行股票买卖了，股票买卖要按照一定的程序，通过一定的方式进行。

一、股票买卖的委托程序

股民在证券公司营业部根据行情做出买卖股票的决定之后，要按照股票买卖委托的内容要求，通过一定的报单手段和方式，向证券商下达委托指令。证券商一方面可以通过有形席位，即通过热线电话，将股民的委托指令传达给交易所场内的红马甲（证券公司的出市代表），由红马甲在场内的席位上将委托指令输入电脑主机；另一方面，证券商也可以通过无形席位即通过连接证券商和证券交易所的卫星通信系统，将股民的委托指令直接传入证券交易所的电脑主机（点对点交易）。证券交易所的主机接收到买卖交易指令后，自动撮合成交，并通过卫星通信系统将成交结果传给证券商。每日收盘后，由设在沪深两市的中间登记结算中心与设在各城市的登记结算公司（每地只有一家）进行股票和资金的结算（差额结算），然后由当地的证券登记结算公司与当地证券商及买卖股票的股民进行清算交割。

二、股票买卖委托的内容

股民买卖股票时，向证券商下达的委托指令主要包括下列内容：1. 股东姓名；2. 资金卡号；3. 买入（或卖出）；4. 上海（或深圳）；5. 股票名称；6. 股票代码；7. 委托价格；8. 委托数量。

股民下达买卖股票的委托指令后，在当日不知是否成交，可以按照委托单的合同号进行查询，如果发现买卖委托没有及时成交，或有一部分没有成交，想取消委托指令时，可以进行撤单委托。撤单委托要根据买卖委托单的合同操作，并交纳一定的撤单费。股民如果对于没有成交的委托单不想撤销，也可以持单在盘内，所持的委托申报当日有效，第二天自动作废。

三、股票买卖的委托手段和方式

股民买卖股票，进行下单委托，可以根据证券商所提供的设备条件，采用以下一些手段和方式报单：

1. 人工委托（在营业部填单委托，目前已很少使用）。

2. 磁卡委托（刷卡委托，营业部交易终端）。

3. 电脑终端自动委托（一般在大户室中使用）。

4. 电话委托（一般券商都有委托交易用的电话，按照电话自动指令进行即可，目前比较普遍）。

5. 网上交易（目前大部分券商可开通网上交易，输入账号密码即可登录，交易比较方便，而且比较迅速即时，但安全指数仍有待提高）。

6. 热线电话委托（在大户室直接通过热线电话与红马甲通话报单）。

第六节 电话炒股最安全最便宜

电话炒股被认为是一种最为安全并更为便宜的方式。

要进行电话炒股，你必须先向你开户的证券营业部申请开通电话委托，并签订电话委托协议书。电话委托开通后，委托买卖、查询委托、成交及账户上的资金及股票余额和撤单，还有修改密码等一切操作都可以通过电话进行。券商会给你一个电话委托系统的电话号码和一个电话交易操作指南之类的说明书，上面各项操作都有举例。虽然各券商的委托系统各有小异，但基本操作程序都是相同的。拨通交易委托电话号码，按提示语音一步步输入资金账号和密码，这是系统核对你的身份，如果账号和密码不对就不能进入系统进行委托操作，只有账号和密码无误才能进入系统进行委托操作。因此这一环节最为重要，要特别注意保密，防止别人偷看窃取你的账号和密码。只要账号、密码不被泄密，电话委托交易就是比较快捷且安全的。

一、电话炒股的操作过程

（一）拨通你所属营业部电话委托专线；

（二）输入上海或深圳股票账号或资金账号；

（三）输入6位账户密码；

（四）选择交易地点（1上海，2深圳）；

（五）功能选择：0——市场切换

1——买卖委托（1. 买入，2. 卖出）

详细说明：委托买入：A. 输入证券代码；B. 报告股票名称；C. 报告最新价格；D. 输入委托价格，以元为单位（＊号代表小数点，＊号键确认）；E. 输入委托数量（＊号键确认）；F. 电话复述该买卖委托；G. 按1键确认，0键取消；H. 报告委托合同号

委托卖出：A. 输入证券代码；B. 报告股票名称；C. 报告最新价格；D. 输入委托价格（＊号键确认）；E. 输入委托数量（＊号键确认）；F. 复述该买卖委托；G. 按1键确认，0键取消；H. 报告委托合同号

2——买卖撤单

详细说明：委托撤单：A. 输入合同号（＊号键结束）；B. 报告委托内容；C. 1键确认，0键取消；D. 报告撤单处理结果

3——资料查询（1. 资金查询；2. 股票查询；3. 当日成交查询；4. 当日委托查询；5. 行情查询；6. 历史成交查询）

详细说明：资金查询：A. 报告可用资金；B. 报告已用资金

4——密码变更

详细说明：密码变更：A. 输入新密码；B. 重输新密码

二、电话炒股操作时的注意事项

（一）应使用双音频电话机进行操作。

（二）委托和查询无线路区分。

（三）拨通一次可连续委托或查询3次。

（四）每个输入项操作时间不得超过300秒，否则服务被取消。

（五）每个输入项连续3次输入无效，则服务被取消。

（六）可在任何时候中断播音，提前拨键。

（七）“＊”键仅在输入委托数量、价格、合同号、密码时，代表输入结束或代表小数点。

（八）在任何时候输入“#”键，系统提示“再见”后挂机退出。

（九）密码的位数为 6 位，只能是数字。

（十）买卖委托当天有效。

第七节　轻轻松松在网上炒股

网上炒股不受地域的限制、不受上班时间的限制，只要你办理了网上委托交易的相关手续，你就可以坐在家里、办公室里或即使出差在外，进行行情接收和委托下单，轻轻松松地实现股票买卖。

要在网上炒股，首先需要配备电脑、Modem、电话线，如想通过有线电视接收行情，还需有电视卡。然后持身份证、股东账户卡和资金磁卡到开通网上交易的证券营业部办理，填写网上交易客户登记表。要仔细阅读《网上委托风险揭示书》，并认真填写《网上委托协议书》。接下来是在电脑上安装专用软件。新股民也可以在网上下载软件，然后根据提示安装。通常券商或者 ISP（电信运营商）会向新股民讲解操作方法，并提供咨询和各种资料。一切就绪后，就可以进行网上交易了，登录，按提示操作，非常简单。输入用户名、资金账号、密码，就可以进入交易界面。平时，输入用户名、密码进入行情界面，打算交易时，点“委托”按钮。

采用网上交易的新股民最应该重视的三件事为：安全保密、应急方案与及时查询买卖指令。

安全保密特别重要。在网上炒股，必须输入自己的账号及密码，一旦你的账号及密码被不怀好意的人知晓，并且非法进入后进行交易，很可能给你带来很大的损失。密码忌用吉祥数、出生年月、电话号码等易猜数字。我知道曾经有过这么一个案子：犯罪人在股票论坛上发布帖子，诱使他人下载安装他编制的程序，以此方法窃得几个人的交易账号和密码，然后利用这些账号和密码，通过对敲的手法为自己牟利，结果给他人造成了 300 万元的损失。这就提醒我们，不要轻易下载那些不明真相的软件，以免给电脑黑客可乘之机。要有个可以及时更新的好的杀毒软件。要经常检查木马。还要装好防火墙，并随时打好系统补丁，避免不安全软件和邮件。另外一个办法是经常更改密码，确保不被他人知悉。

应急方案是指一旦因为电脑或网络出现暂时故障，导致无法交易时的应对方法。你应该记住证券公司提供给你的应急热线电话。同时开通电话委托。网上交易遇到系统繁忙或网络通信故障时，常常会影响正常登录，贻误买入或卖出的最佳时机。电话委托作为网上证券交易的补充，可以在网上交易暂不能使用时，解你的燃眉之急。

及时查询、确认买卖指令非常必要。由于网络运行的不稳定性等因素，有时电脑界面显示网上委托已成功，但券商服务器却未接到其委托指令；有时电脑显示委托未成功，但当再次发出指令时，券商却已收到两次委托，造成了股票的重复买卖。因此，每项委托操作完毕后，应立即利用网上交易的查询选项，对发出的交易指令进行查询，以确认委托是否被券商受理和是否已成交。

第八节　会卖股票是师傅

很多炒股票的人都听过这样一句话：“会买股票只是徒弟，会卖股票才是师傅。”买进时机把握准确，你才成功了一半，把握好股票的卖出时机，才是精明的股民。炒股的目的如果是既定的利润率，在股票市场给予的利润率达到一定的程度，而这个利润率在短期内进一步上升的可能性较小时，就是卖出股票的时机。“只有傻瓜才会等着股价到达最高位”，要学会“见好就收”。

怎样才能判断出股票的卖出时机呢?

一、新股民必须掌握下列简单而有效的方法

（一）目标价位法

所谓的目标价位法也就是说在买入股票时，已经给这一股票定好了一个盈利目标价位。一旦这个股票的价格达到这一目标价位，便抛出股票。一般来说，运用这一方法的股民，大多数都是通过对股票基本面的分析，包括对公司财务状况、业绩增长前景等因素的考虑，确定出一个合理的目标价位，然后就是希望该股票能够达到这一目标价位。对于运用“目标价

位法”的股民来说，通常首先必须掌握一套对公司基本面进行分析的方法，对公司的经营情况、市场环境都相当了解，否则的话，又凭什么说你所判断出来的目标价位是合理的？可能目标价位定得太高，实际的股价永远也达不到这一高度，你只能一直持股。反过来，你也可能定得太低，结果仍然有大钱你却无法赚到。当你决定买入某一股票时，你所设定的“目标价位”肯定要高于其当前的市场价，否则你不会买。但凭什么你就比其他股民聪明，别人认为只值目前这个价格，而你却知道其目标价位更高呢？很显然，你必须有超群的分析判断能力。

我自己多年来坚守一条原则：上涨18%就获利了结（个别能量特别大的股票除外），下跌成本价8%的时候止损。但有人认为应赚够、赚足，不获全胜不罢休。他们的“牛市观点”有可取之处，但我坚守赚18%就走人的稳健原则。我们都有体会，行情不火暴时，你交易的通道特别顺畅，但一碰到大行情，刷卡机前排长队，委托电话打不进，网上交易速度放慢甚至死机，撤单撤不下，成交回报反应慢等等。大家在营业部挤得汗流浃背，稍微慢一点，股价的变化都使股民们心惊肉跳。所以，你要把握住每次机会，必须提前做好卖出的准备。当盈利达到或接近18%时，提前一步走人，才能落袋为安。国际高手老虎基金、量子基金每年平均回报率也就是23%。我们挣18%已离世界高手不远了。这是炒股中比较现实的情况。我认识的几个老股民，已严格地这样操作了几年，收获极大，体会极深。

（二）顺势探顶法

使用顺势探顶法的股民，并不给自己的股票确定一个目标价位，一直持有股票，直到股价显示出有见顶迹象时才抛出。一般而言，采用这一方法通常是通过技术分析，判断见顶迹象主要是从股价走势的角度。具体来说，关注的见顶迹象主要包括“最后的疯狂”与“后劲不足”。很多人相信，当股票价格持续稳步上升了一段时间后，如果某一天忽然放量大涨的话，往往是显示有最后一批股民冲了进去，或者是主力准备拉高出货，后续空间已经不大，所以称之为“最后的疯狂”。而“后劲不足”则反映在股票价格的走势逐渐趋缓，后续买盘不足，也是将要见顶的迹象。尤其是当股价在上升过程中小幅回调后，第二次上涨又无法突破前期高点时，很多人相信这是到了必然要卖出的时候。运用“顺势探顶法”的股民，则主要是根据股价走势来判断，这就要求经常关注股市，投入较多的时间和精力。而且，你所认为的见顶迹象，往往会被一些价格操纵者，用震仓的手段，故意做出顶部迹象，把你吓出来之后再一路拉高，让你追悔不及。这就使得你不断地钻研什么是“真顶”，什么是“假顶”，以免受骗上当。

二、新股民必须掌握下列可以考虑卖出股票的情况

（一）公司基本面恶化

一旦注意到公司的基本面开始恶化，你可能希望卖出该股票。通过分析公司的资产负债表你可以得知公司基本面是否恶化。上升的负债水平、上升的库存和应收账款比收入上升更快，以上是判断公司的效益开始恶化的3个常用预警信号。如果继续持有该股票，可能会遭受更大的损失。还有一些其他的预警信号：降低的股东权益回报率，下降的利润率，市场份额收缩，不明智的并购，意想不到的管理层变更。

（二）当你重新调整股票结构时

对于大多数股民来说，炒股票成功主要是取决于如何分配资金的比例，也就是说，采用组合投资的方法。你可能决定把1/3的资金投入能源股中，1/3资金投入低市盈率股中，还有1/3投入小盘股中。你需要定期对你的组合进行调整。比如，几个月后，由于能源股市值上升，已占到总比例的1/2，这时，你就可能要减持能源股，把资金补充到其他的板块中去。

（三）股票连续狂涨两三周时

（四）股价出现新高价，成交量却下降时

（五）重大利空因素正在形成时

（六）预期的利多消息全部实现时

（七）熊市中品质一般的股票发布增配股消息时

（八）股价从峰顶转大跌后的第一次反弹时

（九）股价突破下限支撑点时

（十）股价连连阴跌时

（十一）每天市场股价下降的种数减去上涨的种数所得净差额的累积数扩大时

（十二）每年的6月份左右是股市的重要转折月份

事实证明：中国股市从20世纪90年代发展至今，只有1996年和2006

年6月以后的10月份有一波较大的行情，其余年度的6月份以后，股市大体都是处于下跌态势。如果将“6月份左右”的概念向左计算（从5月算起），则中国股市发展16年中，6月份开始下跌的次数比较多。

第二章　不能不掌握的炒股专用语

想要炒股，首先必须掌握最基本的股市专用语，否则，连股市行情都看不懂，股民说的话也听不懂，电视节目中的评论也听不明白，那根本不可能赚钱。本章介绍的这些炒股专用语是一个新股民必须掌握的基础知识，很多人都是从学习这些基础知识开始，一步一步学会炒股的。

股票

股票是有价证券的一种主要形式，是指股份有限公司签发的证明股东所持股份的凭证。可以看出，股票有三个基本要素：发行主体、股份、持有人。股票就是对企业所有权的凭证。买股票，就是买了这企业的一部分。

股票代码

股票代码是沪深两地证券交易所给上市股票分配的数字代码。这类代码涵盖所有在交易所挂牌交易的证券。熟悉这类代码有助于增加我们对交易品种的理解。

A 股代码：沪市的为 600×××，深市的为 0×××；两市的后 3 位数字均是表示上市的先后顺序；

B 股代码：沪市的为 900×××，深市的为 2×××；两市的后 3 位数字也是表示上市的先后顺序；

配股代码：沪市的为 700×××，深市的为 8×××；后 3 位数为该股票代码的后 3 位数；

转配股代码：沪市的为 710×××，深市的为 3×××；后 3 位数为该股票代码的后 3 位数；

新股申购代码：沪市的为 730×××，深市的即为该股票代码。

股票票面价值

股票的票面价值又称面值，即在股票票面上标明的金额。

股票的现值

股票的现值就是将股票的期值按当期的市场利率和证券的有效期限折算成今天的价值。

股票的市场价格

股票的市场价格一般是指股票在二级市场上买卖的价格。它等于股票的预期收益除以市场利率。

股票账面价值

股票的账面价值又称股票净值或每股净资产，是每股股票所代表的实际资产的价值。每股账面价值是以公司净资产除以发行在外的普通股票的股数求得的。

每股税后利润

每股税后利润又称每股盈利，可用公司税后利润除以公司总股数来计算。

市盈率

市盈率是某种股票普通股每股市价与每股盈利的比率。所以它也称为股价收益比率或市价盈利比率。其计算公式为：市盈率 = 普通股每股市场价格/普通股每年每股盈利。上述公式中的分子是指当前的每股市价，分母可用最近一年盈利，也可用未来一年或几年的预测盈利。这个比率是估计普通股价值的最基本、最重要的指标之一。一般认为该比率保持在 10 ~ 20 之间是正常的。过小说明股价低，风险小，值得购买；过大则说明股价高，风险大，购买时应谨慎。但从股市实际情况看，市盈率大的股票多为热门股，市盈率小的股票可能为冷门股，购入也未必一定有利。

股东权益

公司净资产代表公司本身拥有的财产，也是股东们在公司中的权益，因此，又叫做股东权益。

净资产收益率

净资产收益率是公司税后利润除以净资产得到的百分比率，用以衡量公司运用自有资本的效率。

送红股

送红股是上市公司将本年的利润留在公司里，发放股票作为红利，从而将利润转化为股本。

配股权证

配股权证是上市公司给予其老股东的一种认购该公司股份的权利证明。

股本

所有代表企业所有权的股票，包括普通股和优先股。

买壳上市

所谓买壳上市，就是一家优势企业通过收购债权、控股、直接出资、购买股票等收购手段以取得被收购方（上市公司）的所有权、经营权及上市地位。目前，在我国进行买壳、借壳一般都是通过二级市场购并或者通过国家股、法人股的协议转让进行的。

基本面

基本面包括宏观经济运行态势和上市公司基本情况。宏观经济运行态势反映出上市公司整体经营业绩，也为上市公司进一步的发展确定了背景，因此宏观经济与上市公司及相应的股票价格有密切的关系。上市公司的基本面包括财务状况、盈利状况、市场占有率、经营管理体制、人才构成等各个方面。

政策面

政策面指国家针对证券市场的具体政策，例如股市扩容政策、交易规则、交易成本规定等。

市场面

市场面指市场供求状况、市场品种结构以及投资者结构等因素。市场面的情况也与上市公司的经营业绩好坏有关。

技术面

技术面指反映股价变化的技术指标、走势形态以及K线组合等。技术分析有三个前提假设，即市场行为包容一切信息、价格变化有一定的趋势或规律、历史会重演。由于认为市场行为包括了所有信息，那么对于宏观面、政策面等因素都可以忽略，而认为价格变化具有规律和历史会重演，就使得以历史交易数据判断未来趋势变得简单了。

除权

除权是由于公司股本增加，每股股票所代表的企业实际价值（每股净资产）有所减少，需要在发生该事实之后从股票市场价格中剔除这部分因素，而形成的剔除行为。

除息

除息是由于公司股东分配红利，每股股票所代表的企业实际价值（每股净资产）有所减少，需要在发生该事实之后从股票市场价格中剔除这部分因素，而形成的剔除行为。

派息

股票前一日收盘价减去上市公司发放的股息称为派息。

转增股本

转增股本是指公司将资本公积转化为股本，转增股本并没有改变股东的权益，但却增加了股本规模，因而客观结果与送红股相似。

填权

填权是指在除权除息后的一段时间里，如果多数人对该股看好，该只股票交易市价高于除权（除息）基准价，即股价比除权除息前有所上涨，这种行情称为填权。

贴权

贴权是指在除权除息后的一段时间里，如果多数人不看好该股，交易市价低于除权（除息）基准价，即股价比除权除息前有所下降，则为贴权。

成交数量

指当天成交的股票数量。

换手率

换手率是指在一定时间内市场中股票转手买卖的频率，是反映股票流通性的指标之一。计算公式为：换手率 =（某一段时间内的成交量/流通股数）×100%。一般来说，当股价处于低位时，当日换手率达到4%左右时应引起关注，而上升途中换手率达到20%左右时则应引起警惕。

报价

报价是股民在某一时间内对某种股票报出的最高进价或最低出价，报价代表了买卖双方所愿意出的最高价格。报价的次序习惯上是报进价格在先，报出价格在后。在证券交易所中，报价有四种：一是口喊，二是手势表示，三是申报记录表上填明，四是输入电子计算机显示屏。

日开盘价

日开盘价是指每个交易日的第一笔成交价格，这是传统的开盘价定义。目前中国市场采用集合竞价的方式产生开盘价。

日收盘价

日收盘价是指每个交易日的最后一笔成交价格。因为收盘价是当日行情的标准，又是下一个交易日开盘价的依据，可据以预测未来股票市场行情，所以，对行情分析时，一般采用收盘价作为计算依据。

日最高价

指当天该股票成交价格中的最高价格。

日最低价

指当天该股票成交价格中的最低价格。

成交笔数

指该股成交的次数。

日成交额

指当天已成交股票的金额总数。

清算交割

清算交割是指股票买卖双方在证券交易所进行股票买卖成交后，通过证券交易所将券商之间的股票买卖数量和金额分别予以轧抵，其差额由券商确认后，在事先约定的时间内进行股票和价款的收付了结行为。它反映了股票买卖的最终结果，是维护买卖双方正当权益、确保股票交易顺利进行的必要手段。我们一般所说的清算交割可分两部分，一部分指券商与交易所之间的清算交割，另一部分是指券商与股民之间的清算交割，双方在规定的时间内进行价款与股票的交收确认的过程，即买入方付出价款得到股票，卖出方付出股票获得价款。

目前上海、深圳证券交易所实行 T+1 制度，当日委托买卖股票成交后，第二天才能进行交割，股民委托买卖股票成交与否应以第二天的交割单为准。如未成交则不能办理交割手续，成交之后，股民应携带股东卡、身份证和磁卡及时向券商办理交割手续，券商应将“成交过户交割凭单”（简称交割单）交给股民签收，券商按股民的要求成交的委托，股民必须承认成交的价格和数量，并认真核对交割单上所列的各项内容，如无疑义，股民应妥善保管好交割单，券商也应保存好委托成交资料。如有疑义，应及时（一般为成交后3日之内）向券商查询。如果在成交后的一定期限内，股民不向券商进行交涉，则视为股民对成交结果默认。另外，股民可以要求券商为其提供一定时期内的历史对账单。

过户

股票所有权从原所有者转移给新的所有者时所做记录的过程。

量价背离

当前的量价关系与之前的量价关系发生了改变，一般量价背离会产生一种新的趋势，也可能只是上升中的调整或下跌中的反弹。

多头

指股票成交中的买方。

利多

指股票市场上有利于多头的消息。

多杀多

买入股票后又立即卖出股票的做法称为多杀多。

实多

对股价前景看涨，利用自己的资金实力做多头，即使以后股价出现下跌现象，也不急于将购入的股票出手。

长多

长多是指长时间做多头的意思。对股势前景看好，现时买进股票后准备长期持有，以期股价长期上涨后获取高额差价。

短多

善做短线，通常三两天有赚就卖。

死多

是看好股市前景，买进股票后，如果股价下跌，宁愿放上几年，不赚钱绝不脱手。

多头市场（牛市）

也称牛市，就是股票价格普遍上涨的市场。

空头

指股票成交中的卖方。

T+1 交收

T+1 交收是指交易双方在交易次日完成与交易有关的证券、款项收付，即买方收到证券、卖方收到款项。

利空

指股票市场上有利于空头的消息。

利空出尽

在股票市场上，股票价格因各种不利消息的影响而下跌，这种趋势持续一段时间，跌到一定的程度，卖方的力量开始减弱，股票价格不再被这些利空的因素所影响，开始反弹上升，这种现象就被称作利空出尽。

空头市场（熊市）

股价呈长期下降趋势的市场，空头市场中，股价的变动情况是大跌小涨，亦称熊市。

牛皮市

指在所考察交易日里，股票价格上升。下降的幅度很小，价格变化不大，市价像被钉住了似的，如牛皮之坚韧。在牛皮市上往往成交量也很小，牛皮市是一种买卖双方在力量均衡时的价格行市表现。

多翻空

原本看好行情的买方，看法改变，变为卖方。

空翻多

原本打算卖出股票的一方，看法改变，变为买方。

卖空

预计股价将下跌，因而卖出股票，在发生实际交割前，将卖出股票如数补进，交割时，只结清差价的投机行为。

买空

预测股价将会上涨，但自有资金有限不能购进大量股票，于是先缴纳部分保证金，并通过经纪人向银行融资以买进股票，待股价上涨到某一价位时再卖，以获取差额收益。

长空

长空是指长时间做空头的意思。对股市长远前景看坏，预计股价会持续下跌，在借股卖出后，一直要等股价下跌很长一段时间后再买进，以期获取厚利。

跳空

股价受利多或利空影响后，出现较大幅度上下跳动的现象。当股价受利多影响上涨时，交易所内当天的开盘价或最低价高于前一天收盘价两个申报单位以上。当股价下跌时，当天的开盘价或最高价低于前一天收盘价两个申报单位以上。或在一天的交易中，上涨或下跌超过一个申报单位。以上这种股价大幅度跳动现象称之为跳空。

吊空

做空头，卖出股票后，但股票价格当天并未下跌，反而有所上涨，只得高价赔钱买回，这就是吊空。

轧空

即空头倾轧空头。股市上的股票持有者一致认为当天股票将会大跌，于是多数人都抢卖空头帽子卖出股票，然而当天股价并没有大幅度下跌，无法低价买进股票。股市结束前，做空头的只好竞相补进，从而出现收盘价大幅度上升的局面。

抢帽子

抢帽子是股市上的一种投机性行为。在股市上，投机者当天先低价购进预计股价要上涨的股票，然后待股价上涨到某一价位时，当天再卖出所买进的股票，以获取差额利润。或者在当天先卖出手中持有的预计要下跌的股票，然后待股价下跌至某一价位时，再以低价买进所卖出的股票，从而获取差额利润。

空仓

手上没有股票，全都卖空了。

满仓

手上全是股票，钱都买了股票。

半仓

一半股票，一半资金。

斩仓

一般来说是，忍痛把赔了钱的股票卖掉。

补仓

把以前卖掉的股票再买回来，或许是在某只股票上再追买一些。

平仓

指卖股票，一般来说是指没有赔或赔得不多的（这方面没有明确规定，按大家习惯）。

涨跌

当日股票价格与前一日收盘价格（或前一日收盘指数）相比的百分比幅度，正值为涨，负值为跌，否则为持平。

涨跌幅限制

涨跌幅限制是指在一个交易日内，除上市首日股票外，股票的交易价格相对上一交易日收市价格的涨跌幅度不得超过 10%；超过涨跌限价的委托为无效委托。

价位

指买卖价格的升降单位。价位的高低随股票的每股市价的不同而异。

开高

今日开盘价在昨日收盘价之上。

开平

今日开盘价与昨日收盘价持平。

开低

今日开盘价在昨日收盘价之下。

趋势

趋势就是股票价格运动的方向。趋势的方向有三个：上升方向、下降方向和水平方向。趋势的类型有主要趋势、次要趋势和短暂趋势三种。

趋势线

趋势线是用来衡量价格波动的方向的直线，由趋势线的方向可以明确地看出股价的趋势。在上升趋势中，将两个低点连成一条直线，就得到上升趋势线。在下降趋势中，将两个高点连成一条直线，就得到下降趋势线。上升趋势线起支撑作用，下降趋势线起压力作用，也就是说，上升趋势线是支撑线的一种，下降趋势线是压力线的一种。

阻力线

阻力线又称为压力线。当股价上涨到某个价位附近时，股价会停止上涨，甚至回落，这是因为空方在此抛出造成的。压力线起阻止股价继续上涨的作用。这个起着阻止股价继续上升的价位就是支撑线所在的位置。

支撑线

股市受利空信息的影响，股价跌至某一价位时，做空头的认为有利可图，大量买进股票，使股价不再下跌，甚至出现回升趋势。股价下跌时的关卡称为支撑线。

轨道线

轨道线又称通道线或管道线，是基于趋势线的一种方法。在已经得到了趋势线后，通过第一个峰和谷可以作出这条趋势线的平行线，这条平行线就是轨道线。轨道的作用是限制股价的变动范围，让它不能变得太离谱。一个轨道一旦得到确认，那么价格将在这个通道里变动。对上面的或下面的直线的突破将意味着有一个大的变化。

K线

又称阴阳线，或称红黑线。即以阳线表示行情上涨，以阴线表示行情下跌，而且以一条线即可表示当日行情开盘价、收盘价、最高价、最低价。

长红

当日收盘价比前日收盘价大幅上扬。

长黑

若形成一条极长的阴线，谓之长黑。

满堂红与全盘飘绿

股票的上涨在电子显示器中一般用红色表示，而股票的下跌一般用绿色表示，所以当全部的股票都上涨时就称为满堂红，当所有的股票都下跌时就称为全盘飘绿。

涨势

股价在一段时间内不断朝新高价方向移动。

跌势

股价在一段时间内不断朝新低价方向移动。

跌停板

股票交易当天股价的最低限度称为跌停板，跌停板时的股价称跌停板价。一般来说，开市即跌停的股票，于第二日仍有可能惯性下跌，尾盘突然跌停的股票，庄家有骗钱的可能，可关注。

涨停板

股票市场中交易当天股价的最高限度称为涨停板，涨停板时的股价叫涨停板价。一般来说，开市即封涨停的股票，势头较猛，只要当天涨停板不被打开，第二日仍然有上冲动力，尾盘突然拉至涨停的股票，庄家有于第二日出货或骗钱的嫌疑，应小心。

大盘

一般指上证指数（所有股票的一个综合指数，用以统计整个证券市场的情况）。代码：000001，就是说大盘今天上涨的话，那大部分股票今天都是涨的。

托盘

指庄家把股价抬高。

护盘

庄家为了保持股价稳定，而投入资金购买市场上抛售的股票，以保持股价相对稳定。

盘整

股价经过一段急剧上涨或下跌后，开始小幅度波动，进入稳定变动阶段，这种现象称为盘整（整理）。整理是下一次大变动的准备阶段。

盘档

是指股民不积极买卖，多采取观望态度，使当天股价的变动幅度很小，这种情况称为盘档。

洗盘

指庄家大户为降低拉升成本和阻力，先把股价大幅度杀低，回收散户恐慌抛售的股票，然后抬高股价乘机获取价差利益的行为。一般来说，只要能确定股价的波动为庄家洗盘，就应该持筹不动，静待股价上涨。

崩盘

崩盘即股票市场上由于某种利空原因，出现了股票大量抛出，导致股票市场价格无限度下跌，不知到什么程度才可以停止。这种接连不断地大量抛出股票的现象也称为卖盘大量涌现。

关卡

一般将整数位或黄金分割位或股民习惯上的心理价位称之为关卡。

突破

股价冲过关卡为突破，一般指向上突破。

跌破

股价冲过关卡向下突破称为跌破。

反转

股价朝原来趋势的相反方向移动，分为向上反转和向下反转。

回档

在股市上，股价呈不断上涨趋势，终因股价上涨速度过快而反转回跌到某一价位，这一调整现象称为回档。一般来说，股票的回档幅度要比上涨幅度小，通常是反转回跌到前一次上涨幅度的1/3左右时又恢复原来上涨趋势。

拔档

做多头时，若遇股价下跌，并预计股价还将继续下跌时，马上将其持有的股票卖出，等股票跌落一段差距后再买进，以减少做多头在股价下跌那段时间受到的损失，采用这种交易行为称为拔档。

档

股票的升降单位俗称“档”。目前沪深交易所规定股票升降单位一档为0.01元。

反弹

在股市上，股价呈不断下跌趋势，终因股价下跌速度过快而反转回升到某一价位的调整现象称为反弹。一般来说，股票的反弹幅度要比下跌幅度小，通常是反弹到前一次下跌幅度的1/3左右时，又恢复原来的下跌趋势。

打底

股价由最低点回升，随后遭到空头压卖而再度跌落，但在最低点附近又获得多头支撑，如此来回多次后，便迅速脱离最低点而一路上涨。

探底

寻找股价最低点过程，探底成功后股价由最低点开始翻升。

底部

股价长期趋势线的最低部分。

头部

股价长期趋势线的最高部分。

高价区

多头市场的末期，此时为中短期投资的最佳卖点。

低价区

多头市场的初期，此时为中短期投资的最佳买点。

买盘强劲

股市交易中买方的欲望强烈，造成股价上涨。

卖压沉重

股市交易中持股者争相抛售股票，造成股价下跌。

委比

委比是衡量一段时间内场内买盘、卖盘强弱的技术指标。它的计算公式为：委比 =（委买手数 - 委卖手数）/（委买手数 + 委卖手数）× 100%。从公式中可以看出，委比的取值范围从 -100% 至 +100%。若委比为正值，说明场内买盘较强，且数值越大，买盘就越强劲。反之，若委比为负值，则说明市道较弱。为及时反映场内的即时买卖盘强弱情况，委买手数是指即时向下三档的委托买入的总手数，委卖手数是指即时向上三档的委托卖出总手数。如：某股即时最高买入委托报价及委托量为 15.00 元 130 手，向下两档分别为 14.99 元 150 手、14.98 元 205 手，最低卖出委托报价及委托量分别为 15.01 元 270 手，向上两档分别为 15.02 元 475 手、15.03 元 655 手，则此时的即时委比为 -48.54%。显然，此时场内抛压很大。

量比

量比是衡量相对成交量的指标。它是开市后每分钟的平均成交量与过去 5 个交易日每分钟平均成交量之比。其计算公式为：量比 = 现成交总手/[过去 5 个交易日平均每分钟成交量 × 当日累计开市时间（分）]。当量比大于 1 时，说明当日每分钟的平均成交量大于过去 5 日的平均值，交易比过去 5 日火暴；当量比小于 1 时，说明当日成交量小于过去 5 日的平均水平。

骗钱

主力或大户利用市场心理，在趋势线上做手脚，使散户作出错误的决定。

打压

打压是用非常方法，将股价大幅度压低。通常大户在打压之后便大量买进以获取暴利。

抬拉

抬拉是用非常方法，将股价大幅度抬起。通常大户在抬拉之后便大抛出以牟取暴利。

内幕交易

内幕交易又称内情者交易，指公司董事、监事、经理、职员、主要股东、证券市场内部人员或市场管理人员，以获取利益或减少经济损失为目的，利用其地位、职务等便利，获取发行人未公开的、可以影响股票价格的重要信息，进行交易，或泄露该信息的行为。

出货

庄家在高价时，不动声色地卖出股票，称为出货。

吃货

庄家在低价时暗中买进股票，叫做吃货。

坐轿子

目光锐利或事先得到信息的投资人，在大户暗中买进或卖出时，或在利多或利空消息公布前，先期买进或卖出股票，待散户大量跟进或跟出，造成股价大幅度上涨或下跌时，再卖出或买回，坐享厚利，这就叫坐轿子。

抬轿子

利多或利空消息公布后，认为股价将大幅度变动，跟着抢进抢出，获利有限，甚至常被套牢的人，就是给别人抬轿子。

套牢

是指进行股票交易时所遭遇的交易风险。例如预计股价将上涨，但在买进后股价却一直呈下跌趋势，这种现象称为多头套牢。相反，预计股价将下跌，将股票放空卖出，但股价却一直上涨，这种现象称为空头套牢。

割肉

指高价买进股票后，大势下跌，为避免继续损失，低价赔本卖出股票。止损是割肉的一种，提前设立好止损价位，防止更大的损失，是短线操作应灵活运用的方法，新股民使用可防止深度套牢。

大户

指大额投资人，例如拥有庞大资金的集团或个人。

散户

指买卖股票数量很少的小额投资者。

超买

股价持续上升到一定高度，买方力量基本用尽，股价即将下跌。

超卖

股价持续下跌到一定低点，卖方力量基本用尽，股价即将回升。

虚买虚卖

虚买虚卖是指以影响股票市场行情为目的，人为创造股票交易的虚假繁荣，从事所有权非真实转移的交易行为。

蓝筹股

指资本雄厚、信誉优良的挂牌公司发行的股票。

热门股

每次行情反弹总有一些板块或股票起着主要拉升的作用，这些股票的交易量大、流通性强、价格变动幅度大，称为热门股。

绩优股

是指那些业绩优良，但增长速度较慢的公司的股票。这类公司有实力抵抗经济衰退，但这类公司并不能给你带来振奋人心的利润。因为这类公司业务较为成熟，不需要花很多钱来扩展业务，所以投资这类公司的目的主要在于拿股息。另外，投资这类股票时，市盈率不要太高，同时要注意股价在历史上经济不景气时波动的记录。

龙头股

龙头股指的是某一时期在股票市场的炒作中对同行业板块的其他股票具有影响和号召力的股票，它的涨跌往往对其他同行业板块股票的涨跌起引导和示范作用。龙头股并不是一成不变的，它的地位往往只能维持一段时间。

大盘股、小盘股

一般流通股本在1个亿以上的个股称为大盘股，5000万至1个亿的个股称为中盘般，不到5000万规模的称为小盘股。就市盈率而言，相同业绩的个股，小盘股的市盈率比中盘股高，中盘股要比大盘股高。特别在市场疲软时，小盘股机会较多。在牛市时大盘股和中盘股较适合大资金的进出，因此盘子大的个股比较看好。由于流通盘大，对指数影响大，往往成为市场调控指数的工具。选择个股，一般熊市应选小盘股和中小盘股，牛市应选大盘股和中大盘股。

成长股

指新添的有前途的产业中，利润增长率较高的企业股票。成长股的股价呈不断上涨趋势。

冷门股

是指交易量小，流通性差，价格变动小的股票。

国有法人股与国有股

国有法人股是指具有法人资格的国有企业、事业及其他单位以其依法占用的法人资产向独立于自己的股份公司出资形成或依法定程序取得的股份。它也是国有股权的一个组成部分。国有股是国有资产股权的简称，国有资产股权是国家股和国有法人股的总称。

外资股

外资股是指股份公司向外国和我国香港、澳门、台湾地区发行的股票。它是我国股份公司吸收外资的一种方式。

ST股

沪深证券交易所在1998年4月22日宣布，根据1998年实施的股票上市规则，将对财务状况或其他状况出现异常的上市公司的股票交易进行特别处理，由于“特别处理”的英文是Special Treatment（缩写是“ST”），因此这些股票就简称为ST股。上述财务状况或其他状况出现异常主要是指两种情况，一是上市公司经审计连续两个会计年度的净利润均为负值，二是上市公司最近一个会计年度经审计的每股净资产低于股票面值。在上市公司的股票交易被实行特别处理期间，其股票交易应遵循下列规则：（1）股票报价日涨跌幅限制为5%；（2）股票名称改为原股票名前加“ST”，例如“ST丰华”；（3）上市公司的中期报告必须审计。

股改

就是股权分置改革，因为国内证券制度的问题，中国证券市场存在同股不同权。也就是说，当你买了这个上市公司的股票的时候你却没有行使你股东的权利，所以就出现了许多上市公司侵害中小股东的事件发生。那么，成熟的证券市场都是同股同权，而且根本就没有什么ST、PT、三板市场，所以，证券市场为了发展，必须解决这个问题，所以就必须全流通，股东必须有行使自己作为股东的权利。国家就为这个一直都在努力，2005年，首只股权分置改革的上市公司——三一重工（600031）取得了非常成功的经验，从二级市场的股票价格当中就可以体现出来。

限售股

限售流通股在一定时间内不能出售。有两种情况：一种是在战略投资者通过定向增发投资某上市公司的时候，由于其战略目的持股时间要超过一般投资者，而且往往定向发行价格要低于当前的市场价格，因此要求锁定该股份于一定的期限。另一种情况是，在股权分置改革下，非流通股在支付股改对价后摇身变成流通股需要一个过渡期，一般禁售期为一年，一年后可以按比例流通出售，这个期限内也是限售流通股。

黑马与白马

黑马是指股价在一定时间内，上涨一倍或数倍的股票。白马是指股价已形成慢慢涨的长升通道，还有一定的上涨空间。

第三章　选股不如选时

第一节　选股要选不断盈利的公司

面对千余只股票，到底该用什么标准去筛选呢？该选什么样的股票？选什么样的公司呢？

买股票先选好公司，再选小盘的、选有庄的、选资产重组的等等。那么，到底什么样的公司才算是好公司？2001 年到 2005 年这么大一个熊市，很多好公司的股票已经翻了三四倍了。那么现在从 1000 多点涨到近 4000 点了，很多公司还是没涨，为什么？要破产了，能涨吗？所以，要选就要选确定性高的，能够不断给股东回报的，不断盈利的，持续发展的公司。这就是好公司。

一、选最赚钱的公司

回顾全球股市史，就只有那么几个行业长期地、不断地给股民提供丰厚的回报。微软、可口可乐、花旗银行、沃尔玛、宝洁等，这些都是涨幅很大的股票，如果你的股票里没有这类，你就会丧失最有利的部分。炒股高手中的高手，很少去追寻市场的热点，也不看大盘的走势。大盘暴跌了，那些大公司、大银行就垮掉了吗？股票是公司的一部分，研究股票就要踏踏实实去研究公司。如果一家公司的产品根本就见不到，这家公司的股票最好不要碰。为什么？买一只股票不了解它，它突然跌了两个跌停板怎么办？一般人只有割肉跑，因为不知道出了什么事。但是如果这家公司你了解，到市场上看得到这家公司的产品，你就会认为公司股价跌一点非常正常，这就是确定性。炒股如果不抓住最赚钱的公司，在 2020 年的时候，无论是 5000 点还是 10000 点，你照样会赔钱。赚钱的公司是因为管理有方、品牌优良、领导人能干才不断地向前发展。英国著名的投资者陶布说，自己投资非常简单，把英国可以做到世界上最赚钱的公司一网打尽就行了。英国哪些公司是做到世界最好的呢？555 香烟，苏格兰威士忌，联合利华，希思罗机场，保诚保险公司。陶布说：“我的投资组合非常简单，效果相当好，25 年翻了 54 倍！为什么？因为这些公司越来越赚钱。”

二、选垄断公司稀缺公司

现在很多股民炒股时，愿意受别人鼓动。比如，有人说这家公司是“茅台第二”，茅台涨多高它也能涨多高；说那家公司是第二个中国银行，买它比中国银行好，因为中国银行价格太高，它低，潜力非常大……很多股民就愿意贪这个便宜，就去买第二个“茅台”、第二个“中国银行”，这都是些概念，好的永远是稀缺的、不可再生的，而且这些好的都是垄断的，长期持有问题不大，而且管理的风险也不太大。

选股要选那些品牌卓越的。比如可口可乐，再比如同仁堂、云南白药、阿胶，这些品牌已经存在了几百年，再存在个二三十年也不用担心，这些品牌有很大溢价。每个行当都会有自己的龙头公司，那么是不是每个行当都值得同样关注呢？不是。要选优势行当。

什么叫优势行当？就是要做精而不要做得太广泛。香港在 20 世纪 70 年代，当时李嘉诚身价才几千万，而包玉刚是世界船王，身价更高，但现在谁有钱？李嘉诚已经是华人首富了。为什么？看看李嘉诚的资产配置就知道了，李嘉诚主要的投资是码头、货柜码头、高速公路、电力、机场、商业零售，还有香港的电信、欧洲的电信，他买这样的收费口行当，才使得他的资产不断增加。对于新股民而言，就买收费口行当、稳健的行当。除了收费口行当之外，还有哪些行当值得留意呢？中国品牌的白酒、医药、旅游区、铁路、公路、机场这些，是别人复制不出来的，也是应该重点关注的。

三、选快速长大的公司

什么行当能不断长大？选《商业周刊》50 强，就知道选什么行当了。

第一是金融，金融里边有证券保险银行，有花旗银行、摩根大通、富国银行、哈撒威保险、美林高盛证券。

第二是科技，有微软、思科、英特尔。

第三是消费品，有雀巢、可口可乐、百事可乐、万宝路。

第四是医药行业，有辉瑞制药、默克制药、葛兰素史克。

第五是沃尔玛、家乐福这样的商业巨头。

第六是壳牌石油、美孚石油这样的能源巨头。

第七是通用电气、丰田汽车。

这些说明了什么行当能长大，什么行当长不大，挤不进前50强。

中国的崛起大致分为三个层次：第一个层次是制造业的崛起，我们可以纺世界上最好的布，制世界上最好的鞋，做世界上最好的电冰箱，造世界上最好的微波炉。第二个层次是服务业，金融资本市场的崛起，带动服务行业的全面发展。第三个层次是文明的崛起，文化的复兴，这也是最高层次，那么很多承载着中华民族优秀文化瑰宝的东西，未来就会非常有前途。所以，要选择这样的行当、公司，作为长期关注、投资的一个重点。

长期持有的是公司的未来发展，因此，买一家能长大的公司是对未来有着深远影响的事情。如果你希望选一只汽车股，那么不如去买高速公路股，因为多数的汽车都要在高速公路上行驶；如果你希望选一只航空股，那么不如去买机场股，因为不管是现在还是将来，所有的飞机都要在机场起飞降落；如果你希望选一只造船机械股，那么不如去买港口股，李嘉诚当年投资的港口成就了他日后的伟业，而所有船只最后都要通过港口装卸货物。这些能长大的公司依靠的是未来长期发展的潜力，就像过去在香港流行着一句话，"不会买股票的买汇丰"，因为汇丰银行直到今天仍然高速地发展。而在目前的A股市场，良好的公司发展前景让长期持有优秀股票的股民不断赚钱。

第二节　只要抱着少数杰出公司就够了

选股在精而不在多，一来降低成本，操作个股太多手续费更多。二来有利于合理调度资金，可从容地分价位仓位买进卖出。三来精力更集中，减少不必要的失误。要把原来的东张西望、四处打听、跟风买卖的习惯改掉。如果操作品种太多，看盘时必然分心，瞻前顾后。

巴菲特选股在精不在多。从1956年创业到1961年，巴菲特展现高明的炒股手法，五年创造了获利251%的惊人纪录，同期间，道琼斯30种工业股价指数只上涨 74.3%。巴菲特超高的操作绩效，吸引各地资金，到 1962 年他的合伙人增加到 90 多位，公司资产超过 720 万美元，其中有 100 万美元是巴菲特的。他不收代操或管理费，每年操作获利超过 4% 以上的部分，他可以抽成 25%。公司成立 10 年后，巴菲特创造的投资回报率达到 11.5 倍，同期内，道琼斯指数只上涨 1.22 倍，巴菲特管理的资产增加到 4400 万美元，其中大约 690 万美元属于巴菲特夫妇。

赚大钱的效应，自然吸引更多资金，可惜巴菲特已经决定不接受新投资了，因为巴菲特还有更远大的计划。但是他没有把计划告诉投资人，却在缔造一年 59% 的回报率、管理资产突破 1 亿美元的奇迹。1969 年，他通知大家，他要解散有限投资合伙，不再为大家管理资产，但是他会继续经营事业。接下來他开始减少持股，只保留两家公司，其中一家是波克夏公司，他也把波克夏公司股票按照投资比例，发给投资人。不知道当初分到波克夏股票的股东，是否保留了股票？如果没有留下来，恐怕一生都会捶胸顿足。但是，照巴菲特的说法，早期出资请他操作的人，都深信不疑，没有人卖出股票。

纽约的欧斯默夫妇也是这样，他们看来跟一般人没有两样，不同的地方是他们跟巴菲特同乡。欧斯默是布鲁克林科技大学的化工教授，太太当过老师，后来在各种公益和艺术团体当义工。1995 年欧斯默去世后，曾经濒临破产的布鲁克林科技大学，意外继承了欧斯默 1.75 亿美元的遗产，大家才知道他们是亿万富翁。欧斯默太太在 1998 年去世后，夫妇俩一共遗赠财务困难的布鲁克林各种公益团体 3.4 亿美元，他们的遗产有 7.5 亿到 8 亿美元，大部分是波克夏股票。

对布鲁克林科技大学来说，可惜活到 90 多岁的欧斯默没有多活几年，他去世时，波克夏的股价大约是 3 万美元，遗嘱留到今天执行，布鲁克林科技大学会有 5 亿美元进账，欧氏夫妇的股票至少价值有 21 亿美元。原来，1960 年时，欧斯默夫妇各拿了 2.5 万美元给巴菲特操作，到 1970 年，各自以 42 美元的价格，大约换到上万股波克夏股票。

这个故事印证了巴菲特“投资在精不在多”的原则，巴菲特认为：“不知道自己做什么的人才需要分散投资，在正常的状况下，只要抱着少数杰出公司就够了。”巴菲特曾说过：“如果你了解经济运行，只要找五到十家价格合理、拥有长期竞争优势的公司。”

第三节　选股选时机

个人的习惯爱好，生活经历将反映到炒股心态与风格中去，了解自己非常重要。和技术分析一样，个人的性格也可以通过他的经历来归纳总结，不同的性格和经历将会有适合他的不同的炒股方法，只有适合自己的炒股方法才能帮助自己成功。再好的市场也要选择合适的时机介入。一买就被套影响心情，直接关系到今后的成败。首先是分辨牛市还是熊市。牛市操作，熊市休息，不要觉得只是口号，而是必须坚决执行的原则，你违逆它就有可能在某一天将你几年辛苦筑就的大厦化为平地。很多成功者成功是因为他们踩对了时代的步伐，也就是跟对了趋势，更有人是有意识地完全顺应趋势。这些是成功的老股民的经验总结。炒股的主要利润都是在牛市中获得的，更多的时间都是浪费在熊市与牛皮市中，这里赚一点那里亏一点，总觉得技术不错了，钱赚少了，其实就是忽视了时机。时机不同，选股类型不同。

一、缩量震荡——小盘股

大盘稳健但能量不足时，是小盘股的活跃期，因为大盘能量不能满足规模性热点的施展，小能量难以满足行情的持续性，所以小盘股行情往往涨势较迅捷，持续周期较短，适于短线操作。

二、突发利好——次新股

无论大盘处于什么状态，若遇突发性重大利好公布，往往是价低次新股的活跃期。因为老股中往往有老资金进驻或者受困，新资金不愿为老资金抬轿或解套。因此，重大利好公布后，上市不久的次新股往往成为新资金“先入为主”的对象。

三、调整时期——庄股

大盘调整时，是庄股的活跃周期。由于市场热点早已湮灭，庄股则或因主力受困自救，或因潜在题材趁股市疲弱超前建仓……庄股犹如夜幕中的“豆油灯”，虽不能照亮整个市场，也能使中小散户不至于绝望。同时，多少还能诱惑其他资金一起来“往豆油灯里添油”，或者是引来“飞蛾扑火”。

四、波段急跌——指标股

大盘波段急跌后，是大盘指标股的活跃期。急跌后能令大盘迅速复位的，必然是指标股。因为“四两拨千斤”的效果好，也因为低价股护盘的成本低。

五、调整尾声——超跌低价股

大波段调整进入尾声后，是超跌低价股的活跃期。由于大势进入调整的尾声，尚未反转，新的热点难以形成，便给了超跌低价股表现的机会。

六、牛市确立——高价股

牛市行情确立，是高价股的活跃期。在大盘进入牛市阶段后，需要高价股打开上档空间，为市场创造更大空间，给中低价股起到提携的作用。

七、休整时期——题材或概念股

大盘休整，是题材股的活跃期。因为休整期，市场热点分散，增量资金望而却步，只能运用题材或概念来聚集有限的资金，吸引市场开始分散的动量。

八、报表时期——“双高”股

年报或中报公布期及前夕，是高公积金、高净资产值股票的活跃周期。因为这样的上市公司有股本扩张的需求和条件，有通过高分红来降低每股净资产值的需要。

在如今这个庄家主导的时代，新股民只有见机行事，谋定而后动，才能成为赢家。

第四节　快速捕捉黑马

新思路决定新出路。下文为新股民提供一条选股新思路，好在众多的股票中快速捕捉到黑马，获取较好的收益。

在9：30开市前，通过集合竞价开盘时，我们会有几分钟的时间浏览大盘和个股，这是一天中捕捉黑马的最佳时刻！

因为能看出大盘开盘的情况（是高开还是低开），能发现个股是怎样开盘的，庄家的计划怎样，在这短短的时间内短线高手要做出快速反应。具体步骤如下：

在开盘前，将可能涨的个股输入电脑的自选股里，进行严密监视；

在开盘价出来后，判断大盘当日的走势，如果没问题，可选个股了；

快速浏览个股，首先打开股市涨跌幅榜，搜索放量高开和平开的个股进入自选股；

快速观察这些个股的日（周）K线等技术指标，做出评价，再复选技术上支持趋势上涨的个股；

开盘成交时，紧紧盯上有潜力的个股，如果成交量连续放大，量比也大，观察卖一、卖二、卖三挂出的单子都是三四位数的大单；

如果该股连续大单上攻，应立即打入比卖三上的价格更高的价买进（有优先买入权，且通常比你出的价低些而成交）；

通常股价开盘上冲10多分钟后都有回档的时候，此时看准个股买入，能弥补刚开盘时踏空的损失；

对于新股民来说，如果经验不足，那么在开盘30分钟，综合各种因素，买入具备以上条件的个股更合适。

第四章　价值投资是赚钱的唯一机会

第一节　分析上市公司竞争优势的方法

在市场经济中，各公司都要在竞争的风浪中图生存、谋发展。其中有一些公司，凭着实力强、竞争能力强和规模大，利用收购兼并及其他手段，形成在市场上的优越地位。一家公司竞争能力的强弱，与其获利能力的大小具有密切关系。公司竞争能力，一般是通过规模优势、产品品质好、经营效率高、技术经常革新、熟谙市场情况、注意产品需求动态、推销技巧高明等等获得的。通过分析竞争优势，把一家知名的好公司从普普通通的公司中区别出来。了解一家公司竞争优势的来源，是透彻分析一家公司的关键所在。

一、竞争地位强弱评定的标准

一家公司在同业中的竞争地位强弱评定的标准是以下三个方面：年销售额，销售额的增长，销售额的确定性。

公司年销售额的大小，是衡量一家公司在同行业中相对竞争地位高低的一个重要依据，用公司销售额在全行业销售额中的比重来表示，更能反映这种情况。在同行业的激烈竞争中，占总销售额较大比重的公司，一定是竞争能力强的公司，公司的盈利主要来自销售收入，收入越大，利润越多。所以，新股民首先应该选择的是行业中领先的公司。

理想的投资对象，不只限于有名的公司，还有那些既有相当规模，销售额又能迅速增长的公司，对新股民来说，可能迅速增长比规模宏大更为重要。因为增长的销售额带来利润额的增长，由此使公司的股价不断提高，股息不断增加，达到股民购买股票的预期利益。

在正常情况下，稳定的销售收入伴之而来的是比较稳定的盈利，如果销售收入时多时少变动太大，既对公司的经营管理带来很大的不利，也使付给股东的股息、红利高低不确定。因此，在选股过程中，应充分注意公司的稳定增长。

二、通过招股说明书分析竞争优势

竞争优势能把长期的胜利者和昙花一现的公司区别开来。新股民通过招股说明书，也能分析出一家上市公司的竞争优势。

一般来说，在公司的招股说明书中都会有关于公司所处行业的发展过程及竞争格局、公司行业地位以及自身竞争优势的评述内容，这些往往是我们判断上市公司质地和投资价值最直接的参考依据。而上市公司质地的优劣往往决定着其投资价值的高低，投资价值又是影响股票市场走势的重要因素。因此，我们对于招股说明书中关于上市公司竞争优势和地位分析的内容必须给予高度重视，并进行仔细研读。

一般情况下，上市公司都会对公司所处行业的整体情况及发展前景进行必要介绍，如行业历史、行业格局、行业政策和行业前景等，我们可据此对上市公司所处行业的整体情况加以了解，特别是可以据此判断出行业景气周期和发展前景。如果根据招股说明书中的行业分析内容进行投资决策，将很容易判断出上市新股投资价值的高低。

除行业现状和发展前景因素外，上市公司一般还会在招股说明书中介绍自身的竞争优势和行业地位（包括行业内主要的竞争对手情况）等。一般而言，上市公司都会尽可能地突出自身的竞争优势，而对自己的劣势往往一笔带过，而新股民往往容易被上市公司的表象所迷惑，从而导致判断失误。

我认为，在判断上市新股投资价值高低或是否具备长期投资价值时，必须将上市公司竞争优势和行业成长周期两者结合起来进行综合判断。那些处于上升景气周期的行业龙头企业往往会成为市场主流资金关注的对象，从而形成典型的长期上升趋势。新股民只有仔细甄别新股基本面的优劣，才能有效把握上市新股的投资机会。

第二节　分析上市公司成长性的方法

上市公司成长性是指公司在自身的发展过程中，其所在的产业和行业受国家政策扶持，具有发展性，产品前景广阔，公司呈规模逐年扩张、经济效益不断增长的趋势。成长性是股市的生命，是衡量上市公司经营状况和发展前景的一项非常重要的指标。怎样分析上市公司的成长性？对公司成长性的分析需评估一家公司的业绩是否会从劣到优、从优到更优，不仅仅是依靠历史数据和过去的经营状况，更重要的是应着眼于公司未来可能发生的变化，同时了解行业、市场乃至产品的变化趋势。上市公司成长性的分析是全方位的、动态的分析，带有前瞻性的分析预测。

一、上市公司成长性内在外在因素分析

（一）内在因素

1．上市公司的产品优势

一种产品的生命周期可分为开创期、成长期、成熟期和衰落期四个阶段。其中成长期期末和成熟期是其利润的最大产出期，此时投资获利较大。而在开创期，需要大量资金投入，产品的市场前景又难以确定，风险较大，此时投资，一旦成功，获利丰厚，一旦失败，损失惨重。而衰落期的产品将被新产品所替代，因此不值得投资。

2．上市公司的财务状况

保持合理的财务结构和利润水平，具有较强的融资能力是上市公司成长性的具体表现。其中，控制成本对公司的利润增长具有直接作用。

3．上市公司的决策水平

保证公司不断成长的决策包括新项目的开发、新技术的应用等。公司的决策层要有与时俱进、开拓创新的精神。

（二）外在因素

1．国家的宏观调控及政策倾向

一些基础行业，如能源、交通、农业等行业。这些基础行业必然会在一个相当长的时间内得到国家的大力扶持，并给予各种优惠政策和特殊待遇。除了上述基础行业外，对国民经济有重大影响的支柱产业，如科技、石化、机械、电子、建筑、汽车等，也会得到国家有关倾斜政策的扶持。这些特殊行业的优势为该行业创造了其他行业无法比拟的成长环境。

2．上市公司的特殊优惠政策及其他独特优势

（1）上海浦东概念。上海浦东的各项开发正进入一个高潮，而且各项

政策细则也正在不断深化和付诸实施，浦东开发的实绩正逐步体现出来。因此，浦东概念必将成为一个长期概念，并不断成为股票市场的焦点。

（2）中西部概念。我们国家在“九五”计划中提出要大力发展中西部经济，并进行政策倾斜，因而中西部的大中型国企的改制上市将会成为今后几年新股的重头戏，同样，位于中西部的大中型上市公司也会在相当一段时间内获得额外的收益。

（3）东北概念。在中央发出振兴东北老工业基地的号召下，东北三省的上市公司又迎来了新的发展机遇，同时，也给股票市场带来了新的投资机会。

3．上市公司的市场需求

市场需求是公司生产最根本的推动力，而持久旺盛的市场需求才是一家公司长期发展的保障和基础。如房地产、汽车等行业，随着经济的快速发展和人民生活水平的不断提高，市场需求也必将日趋旺盛。

4．上市公司的集团控股优势

某些大型企业集团公司采用部分上市的方式，从而使上市公司成为集团公司中优质资产的整合体，并接受集团公司的统一领导。中国石化、宝钢等公司就是其中的代表，作为集团公司的窗口，上市公司的业绩往往得到集团公司的大力支持，同时优质资产也不断地被注入上市公司中，并使其业绩和发展后劲得到提升。

二、选择高成长公司股票的方法

怎样才能选择到一只具有成长性的股票，是每一位新股民都关注的问题。

菲利普·A．费舍是美国最具影响力的投资专家之一，广受美国华尔街的推崇和敬重。他的投资哲学直到今天，依然为广大股民详加研读并付诸实践。这些投资哲学被汇聚成“怎样选择成长股”。菲利普·A．费舍总结出了“闲聊法”以及选择股票的“要点”。

（一）闲聊法

所谓“闲聊法”，就是通过接触甚至是聊天的方式向熟悉这家公司的人获得意见。菲利普·A．费舍分析说，只有当你“闲聊”的时候，这些熟悉公司的人才能肯定自己不会“祸从口出”，因此才乐于谈论自己从事的工作领域，并且畅谈竞争对手。这时，你不妨找同一行业的 5 家公司，问每一家公司一些问题，如另外 4 家公司强在哪里、弱在哪里。这样 5 家公司极其详尽和准确的情况，十之八九可因此获得。同时，你还可以从这家公司的上游供应商和下游消费者的口中，打听它的情况，这样获得的信息同样有用。政府部门、高校的研究机构和学者，以及其他的专业人员，都可以成为你获得有价值信息的来源。

（二）10 个要点选择高成长公司

1. 这家公司的产品或服务有没有充分的市场潜力，至少几年内营业额能大幅成长？

2. 公司管理层是不是决心继续开发新的产品或工艺成为公司新的增长点，以进一步提高总体销售水平？这家公司是不是在大多数领域都有自己的独到之处？和这家公司的规模相比，其研发工作有多大成果？

3. 这家公司有没有高人一筹的销售团队？

4. 这家公司的利润率高不高？这家公司有没有短期或长期的盈余展望？

5. 这家公司做了哪些维持或改善公司利润率的举措？

6. 这家公司高层间的关系很好吗？

7. 公司高层是否有足够的领导才能？

8. 这家公司的成本分析和会计记录做得如何？

9. 在可以预见的未来，这家公司是否会大量增发股票？

10. 这家公司高层的诚信正直态度是否毋庸置疑？是不是只报喜不报忧？

三、高成长上市公司举例

2004 年 7 月 21 日，苏宁电器在深圳中小板 ETF（行情净值）上市，当日收盘价为 32.70 元，当时苏宁的总股本为 9316 万股。第二年 6 月，苏宁实施了 10 转 10 派 1 元的分红方案；4 个月后再推出 10 转 8 的分红方案，一年之中股本扩大了 3.6 倍！随后的不到两年时间里，苏宁电器再度进行了两次 10 转 10 的分红方案，也就是说当初的 100 股苏宁股票，如今已经增长到 1440 股。而对于股民最关心的业绩，苏宁也交上了一份令人满意的答卷——2004 年苏宁每股收益 1.95 元，2005 年为 1.05 元，2006 年为 0.5

元，也就是说苏宁总股本增加了13倍多，但利润仅摊薄了不到3/4。而其间苏宁的股价也是一路狂涨，从最初的30元左右，到现在（2007年5月6日）的复权价格已经约为600元，不到3年已经接近20倍。

而事实上，苏宁最为人称道的还是其“全员持股”的发展模式。与其他国内连锁巨头不同，苏宁上市前尽管100%是张近东个人的企业，但为了企业未来发展，张近东主动将自己的股份稀释，目前持股已不足30%。张近东把这部分股权主要分给了跟随其多年的老部下以及各分公司管理层。最近3年来的中国家电业，几乎找不出比苏宁更稳定的管理团队。苏宁的这种持股方案为业界称道，“连店长都有股份”！无可否认，这是苏宁员工最大的动力所在。

第三节　分析上市公司组织管理机构的方法

在通常情况下，上市公司的组织管理机构由股东大会、董事会、董事会下设的专门委员会、监事会，以及总经理、副总经理等组成。有的公司在董事会下不设各种专门委员会，其工作由总经理主持下的组织机构来负责。这种组织管理机构的设置借鉴了“三权分立”的学说，把股东大会视作决策机构，把董事会视为业务执行机构，把监事会视为监督机构。采取三权分立的体制，以实现公司内部的权力自我制衡和公司内部自治。股东受市场的制衡，董事会、监事会受股东的制衡，经营管理者受董事会的制衡。股东如果职能不到位，会受到市场的惩罚，以至血本无归。董事会如果玩忽职守，决策失误，股东会另选贤能。经营管理者如果不作为，董事会也会将其扫地出门。规范的上市公司，正是通过环环相扣的制衡机制，保证公司的高效运作。

一、股东和股东大会

（一）股东

股份有限公司的股东，即股份有限公司的股份持有人。股东按其持有股份的份额对公司享有权利并负担相应的义务。根据我国《公司法》的规定，股东的权利具体体现在以下几个方面：

1. 出席或者委托其代理人出席股东大会，并依公司章程的规定行使权利；

2. 依法转让股份；

3. 查阅公司文件，监督公司经营；

4. 按其股份取得股利；

5. 公司终止时取得公司财产；

6. 对公司侵犯其合法利益的情况向法院提起诉讼。

《公司法》没有采用列举的方式明确规定股东的义务。但根据《公司法》有关条款的规定，股东对公司的义务，包括以下几项：遵守公司章程；依其所认购股份和入股方式缴纳股款；股东缴纳股款后，除未按期募足股份、发起人未按期创立大会或者创立大会决议不设立公司外，不得抽回股本。

（二）股东大会

股东大会是公司的权力机构，决定公司的重大事项。股东大会由全体股东组成。

股东大会分为股东年会和临时股东大会两种。股东年会每年召开一次，并应在每年的一定时期内召开。临时股东大会是指非定期的，必要时临时召开的股东大会。根据《公司法》第 104 条的规定，在下列五种情况下，应当在两个月内召开临时股东大会：董事人数不足《公司法》规定的人数或者公司章程所定人数的2/3 时，公司未弥补的亏损达股本的1/3 时，持有公司股份 10% 以上的股东请求时，董事会认为必要时，监事会提议召开时。

根据《公司法》第 103 条的规定，股东大会行使以下职权：

1. 决定公司的经营方针和长期投资计划；

2. 选举和更换董事，决定有关董事的报酬事项；

3. 选举和更换由股东出任的监事，决定有关监事的报酬事项；

4. 审议批准董事会的报告；

5. 审议批准监事会的报告；

6. 审议批准公司的年度财务预算、决算方案；

7. 审议批准公司的利润分配方案和弥补亏损方案；

8. 对公司增加或者减少注册资本作出决议；

9. 对发行公司债券作出决议；

10. 对公司合并、分立、解散和清算等事项作出决议；

11. 修改公司章程。

股东大会会议由董事会依照《公司法》规定负责召集，由董事长主持。召开股东大会，应当将会议议题于会期30日前通知各股东。临时股东大会不得对通知中未列明的议题作出决议。发行无记名股票的，应当于会期45日前就会议议题作出公告。无记名股票持有人出席股东大会的，应当于会议召开5日前至股东大会闭会时止将股票交存于公司。

股东出席股东大会，所持每一股份有一表决权。针对不同的表决事项，股东大会作出决议的方式也不同。对于公司合并、分立、解散以及公司章程的修改，必须经特别决议，即经出席会议的股东所持表决权的2/3以上通过。对于其他事项，只须经普通决议，即经出席会议的股东所持表决权的半数以上通过即可。

股东大会、董事会决议违反法律、行政法规，侵犯股东合法权益的，股东有权向法院提出要求停止该违法行为和侵害行为的诉讼。

二、股份有限公司的董事会

（一）实例：董事会怎样通过决议

2002年12月8日，某建筑材料股份有限公司召开董事会临时会议，讨论召开股东大会临时会议和解决债务等事项。该公司共有董事九人，这天出席会议的有叶、林、陈、何、李五人，另有四名董事未出席会议。在董事会议上，叶、林、陈、何同意召开股东临时会，并作出了决议，李不同意他们的意见，便在表决之前中途退席。此后，公司根据董事会临时会议决议召开了股东大会临时会议，并在会议上形成了关于偿还债务的决议。李某对此持有异议，他认为董事会关于召开股东大会临时会议的决议是无效的。因为表决时他不在，会议没有过半数，所以无效。既然召开会议的决议是无效的，那么股东大会临时会议所作出的关于偿还债务的决议，当然也是无效的。叶、林、陈、何四位董事则认为，12月8日的董事会是提前10天通知的，因此会议召开是合法的。参加会议的董事共有五名，李某虽然退席了，但另四名董事同意会议决议，故决议还是有效的。

（二）董事会

股份有限公司的董事会是股东会的执行机构，由5～19名董事组成。

根据我国《公司法》第 103 条的规定，董事的选举和罢免权属于股东大会。因此，董事由股东大会按照法律规定的决议程序选举产生。但《公司法》对第一届董事的产生方式作了特别的规定，并根据公司设立的不同方式作了不同的规定。根据规定，以发起方式设立的股份有限公司，第一届董事由发起人选举产生；以募集方式设立的股份有限公司的第一届董事由创立大会选举产生。董事的任期由公司章程规定，每届的任期不能超过 3 年。董事任期届满，连选可以连任。董事职务解除的原因主要有：自行辞职，任期届满和股东大会决议罢免等。

董事会设董事长 1 人，可设副董事长 1 ~2 人。董事长是公司的法定代表人，由全体董事的过半数通过选举产生。董事长的职权为：

1. 主持股东大会和召集、主持董事会会议；
2. 检查董事会决议的实施情况；
3. 签署公司股票、公司债券；
4. 受董事会的委托，在董事会闭会期间，行使董事会的部分职权。

《公司法》第 112 条规定了董事会的职权：

1. 负责召集股东大会，并向股东大会报告工作；
2. 执行股东大会的决议；
3. 决定公司的经营方针和投资方案；
4. 制订公司的年度财务预算方案、决算方案；
5. 制订公司利润分配方案和弥补亏损方案；
6. 制订公司增加或者减少注册资本方案以及发行公司债券的方案；
7. 拟定公司合并、分立、解散的方案；
8. 决定公司内部管理机构的设置；
9. 聘任或者解聘公司经理，根据经理的提名，聘任或者解聘公司的副经理、财务负责人，决定其报酬事项；
10. 制定公司的基本管理制度。

（三）分析

上述实例争议的焦点，即董事会如何召开以及怎样通过决议。

《公司法》规定，董事会每年度至少应召开两次会议。除这两次法定的应召开的会议外，董事会可根据需要随时决定召开董事会会议。董事会会议由董事长召集并主持；董事长因故不能履行职权时，由董事长指定的副董事长代行召集。召集董事会会议，应当于会议期 10 日以前通知全体董事；但因紧急事项召开临时会议的，可以另定召集董事会的通知方式和通知时限。根据一般原则，董事应亲自出席董事会会议。因故确实不能亲自出席的，也可委托其他董事代为出席，在此情况下，代理人一般以接受一人的委托为限，委托人应出具委托书，在委托书中明确其授权范围。董事会会议应由 1/2 以上的董事出席方可举行；董事会作出决议，必须经全体董事的过半数通过。

根据上述规定，可见实例中的董事会召开是合法的，因为在会议 10 天前即通知了全体董事，又有过半数的董事参加了会议。但是，会议上的决议是无效的，因为表决的有效条件不是出席会议董事的过半数同意，而是全体董事的过半数通过。该公司共有董事九名，四人未出席会议，一人退了席，其余董事尽管一致同意也没过半数。既然董事会召开临时股东大会的决议是无效的，那么临时股东大会的决定也是无效的。

另外，我国《公司法》第 118 条还规定，董事应当对董事会的决议承担责任，董事会决议违反法律、行政法规或者公司章程，致使公司遭受严重损失时，参与决议的董事对公司负赔偿责任。但经证明在表决时曾表示异议并记载于会议记录的，该董事可以免除责任。因此，个别董事对董事会的决议有意见时，不仅可以投反对票，在过半数通过的情况下，还可以保留意见并记录在案。

三、股份有限公司的经理

（一）实例：经理不得利用在公司的权力为自己谋取私利

陈某是某纺织股份有限公司的总经理，其儿子是从事服装设计、制作的私营企业主。从 2004 年开始，陈某利用总经理的地位，多次将大批高档面料以协作价甚至等外价批给其儿子的私营企业。一度，其儿子的私营企业不仅做服装生意，甚至干起了面料买卖，他们将从该纺织股份有限公司买来的面料加价出售，着实赚了一大笔钱。公司董事会得知此事后，认为陈某身为本公司总经理，负有忠于职守、维持公司利益的义务，不能以损害公司的利益来谋取个人、家庭私利。陈某则认为，他是公司总经理，主持公司的生产经营管理工作，有权决定产品的销售价格。由于陈某拒不承认自己的错误并加以改正，2006 年 4 月，公司召开临时董事会议，决定解除陈某的总经理职务。

（二）经理

股份有限公司的经理由董事会聘任或解聘。经理依照法律和公司的章程的规定，负责公司的日常生产经营管理工作。

按照《公司法》第119条的规定，经理对董事会负责行使以下几项职权：

1. 主持公司的生产经营管理工作，组织实施董事会决议；
2. 组织实施公司年度计划和投资方案；
3. 拟订公司内部管理机构设置方案；
4. 拟定公司的基本管理制度；
5. 拟定公司的具体程序；
6. 提请聘任或者解聘公司副经理、财务负责人；
7. 聘任或者解聘除应董事会聘任或者解聘以外的负责管理人员；
8. 公司章程和董事会授予的其他职权。

（三）分析

我国《公司法》确实规定，经理主持公司的生产经营管理工作，有权决定生产经营中的一系列问题。但《公司法》也规定，经理应当遵守公司章程，忠实履行职务，维护公司的利益，不得利用在公司的地位、权力为自己谋取私利。经理在履行职责时违反法律、行政法规或者公司章程的规定，给公司造成损害的，应当承担赔偿责任。同时，《公司法》还规定，经理由董事会聘任和解聘。因此，在上述实例中，陈某的行为已违反了《公司法》，是利用在公司的地位、权力为自己谋取私利的行为，公司董事会当然有权解除其总经理职务，还应该要求赔偿公司因此遭受的损失。如该总经理还有其他经济问题，触犯刑律的，甚至应由公检法机关追究其刑事责任。

四、股份有限公司的监事会

监事会成员不能少于3人，监事会应在其成员中推选1名召集人。监事会由公司章程规定。监事会中的职工代表由公司职工民主选举产生。董事、经理及财务负责人不得兼任监事。监事会成员的任期每届为3年，连选可以连任。

监事会享有以下 5 项职权：

1. 检查公司的财务；

2. 对董事和经理执行公司职务时违反法律、法规或者公司章程的行为进行监督；

3. 当董事和经理的行为损害公司的利益时，要求董事和经理给予纠正；

4. 提议召开临时股东大会；

5. 公司章程规定的其他职权。

第四节　分析上市公司财务报表的方法

炒股票已经成为我们经济生活中不可或缺的一部分。然而大多数股民不是专业人员，缺乏必要的财务常识，很多股民因为不懂报表而错失买卖股票的良机。因此，正确分析上市公司的财务报表，挖掘真正具备投资价值的公司，是新股民的当务之急。

一、财务指标的计算公式

财务指标	计算公式
每股收益	净利润÷普通股总股数
市盈率	普通股每股市价÷普通股每股收益
每股净资产	年度末股东权益÷年度末普通股数
市净率	每股市价÷每股净资产
净资产收益率	净利润÷平均净资产
利润增长率	（本期净利润－上期净利润）÷上期净利润
资产负债率	负债总额÷资产总额×100%
流动比率	流动资产÷流动负债×100%
存货周转率	主营业务成本÷平均存货
应收账款周转率	主营业务收入÷平均应收账款
现金流动负债比	经营现金流量净额÷流动负债

二、怎样分析上市公司的年报

按照沪深交易所的有关规定，每年 4 月 30 日是上市公司披露年报的最后期限。目前沪深两市上市公司的数量已有 1000 多家，面对如此众多的年报，新股民该如何研读，的确有许多方面值得探讨。

（一）研读要突出重点

年报内容篇幅较长，新股民如果对每份年报的所有内容要通读一遍，几乎是不可能的。我们读年报的目的是，及时捕捉到未来市场的潜力个股。因此，像年报中的会计数据和业务数据、股本变动及持股情况、股东大会简介、董事会报告、重要事项以及财务报告都是非常重要的内容，对于这些重点栏目，我们还必须进行仔细分析。例如，对上市公司会计数据和业务数据，不能只看净利润、每股收益，更不能就以此作为买卖股票的重要参考依据。我们还必须了解上市公司利润构成，尤其是主营业务利润所占比例。如果一家上市公司每股收益较高，主营业务利润又占较高比例，而且每股现金流量金额又与每股收益相比差距不大，那么，从财务的角度讲，应是一家较好的上市公司。不过，应该进行纵向比较，如果这家公司主营业务收入、主营利润、每股收益不但没有增长，反而有所下降，那么，就未必是一家值得投资的好公司，其股票价格也很难有较好表现。

（二）分析股东持股情况变化

如果一家上市公司的流通股人均持有数量越高，意味着该公司的股票有大户介入。如果这家公司的前十名大股东有投资基金或者证券公司，那么这家公司的股票一般就是关注的重中之重，日后该股无论从短线，还是从中线都会有较好的获利机会。不过，新股民一定要结合二级市场上公司股价所处价位水平。如果这些所谓大户重仓持有的品种已经高高在上，那么买卖这样的股票十有八九是会赔钱的，还会深度套牢。

（三）辩证看待盈利与亏损

在读年报时，往往只关注一些质地优良、主营突出、有盈利、成长性良好的上市公司，却往往忽视了一些亏损特别是“巨亏”公司的投机价值。其实，“巨亏”公司往往有较好投机机会。特别是那些一次性清理公司历年包袱、轻装上阵的亏损公司就更要关注。因为，年报的亏损一是反映了过去，二是已经通过业绩预亏提前释放了风险，三是年报亮相之际便是利空出尽之时。

（四）年报和季报要结合起来

季报是一个很简约的上市公司经营报告，报告当中经营业绩的数据并没有经过会计师事务所的审计，有一定的水分。但季报所透露出的信息往往是市场炒作的题材。新股民在关注年报和季报的同时，还要特别注意公司的股价水平。

三、怎样分析上市公司的财务报表

财务报表的种类主要有：资产负债表，利润表，现金流量表。

（一）对资产负债表的分析

资产负债表是反映上市公司会计期末全部资产、负债和所有者权益情况的报表。通过资产负债表，能了解公司在报表日的财务状况，长短期的偿债能力，资产、负债、权益和结构等重要信息。

1. 对资产负债表中资产类科目的分析

在资产负债表中资产类的科目很多，但在进行上市公司财务报表的分析时重点应关注应收款项、待摊费用、待处理财产净损失和递延资产四个项目。

（1）应收款项

应收账款：一般来说，公司存在三年以上的应收账款是一种极不正常的现象，这是因为在会计核算中设有“坏账准备”这一科目，正常情况下，三年的时间已经把应收账款全部计提了坏账准备，因此它不会对股东权益产生负面影响。但在我国，存在大量“三角债”，以及利用关联交易通过该科目来进行利润操纵等情况。因此，当发现一家上市公司的资产很高，一定要分析该公司的应收账款项目是否存在三年以上应收账款，同时要结合“坏账准备”科目，分析其是否存在资产不实，“潜亏挂账”现象。

预付账款：该账户同应收账款一样是用来核算企业间的购销业务的。这也是一种信用行为，一旦接受预付款方经营恶化，缺少资金支持正常业务，那么付款方的这笔货物也就无法取得，其科目所体现的资产也就不可能实现，从而出现虚增资产的现象。

其他应收款：主要核算公司发生的非购销活动的应收债权，如公司发生的各种赔款、存储保证金、备用金以及应向职工收取的各种垫付款等。

但在实际工作中，并非这么简单。例如，大股东或关联企业往往将占用上市公司的资金挂在其他应收款下，形成难以解释和收回的资产，这样就形成了虚增资产。因此，应该注意到，当上市公司报表中的“其他应收款”数额出现异常放大时，就应该加以小心了。

（2）待处理财产净损失

不少上市公司的资产负债表上挂账列示巨额的“待处理财产净损失”，有的甚至挂账达数年之久。这种现象明显不符合收益确认中的稳健原则，不利于正确评价公司的财务状况和盈利能力。

（3）待摊费用和递延资产

“待摊费用”的摊销期在一年以内，而“递延资产”的摊销期超过一年。从严格意义上讲，待摊费用和递延资产并不符合资产的定义，但它们似乎又同未来的经济效益相联系，而且在会计实务中，有人也习惯于把已发生的成本描绘为资产。

2. 对资产负债表中负债类科目的分析

在对上市公司资产负债表中负债类科目的分析中，重点应关注其偿债能力。主要通过以下几个指标分析：

（1）短期偿债能力分析

流动比率：流动比率即流动资产和流动负债之间的比率，是衡量公司短期偿债能力常用的指标。一般来说，流动资产应远高于流动负债，起码不得低于1∶1，一般以大于2∶1较合适。但是，对于公司和股东，流动比率也不是越高越好。因为，流动资产还包括应收账款和存货，尤其是由于应收账款和存货余额大而引起的流动比率过大，会加大企业短期偿债风险。所以，在对上市公司短期偿债能力进行分析的时候，一定要结合应收账款及存货的情况进行判断。

速动比率：速动比率是速动资产和流动负债的比率，即用于衡量公司到期清算能力的指标。一般认为，速动比率最低限为0.5∶1，如果保持在1∶1，则流动负债的安全性较有保障。因为，当此比率达到1∶1时，即使公司资金周转发生困难，也不致影响其即时偿债能力。该指标剔除了应收账款及存货对短期偿债能力的影响，一般来说利用这个指标来分析上市公司的偿债能力比较准确。

（2）长期偿债能力分析

资产负债率、权益比率、负债与所有者权益比率：资产负债率反映企业的资产中有多少负债，一旦企业破产清算，债权人得到的保障程度如何；所有者权益比率反映所有者在企业资产中所占份额，所有者权益比率与资产负债率之和为1；负债与所有者权益比率反映的是债权人得到的利益保护程度。在看财务报表时，只要看一下资产、负债、所有者权益、无形资产总额这几项，便可大概看出该企业的长期偿债能力状况，这三个比率只有在同行业、不同时间段相比较，才有一定价值。

长期资产与长期资金比率：这一指标主要用来反映企业的财务状况及偿债能力，该值应该低于100%，如果高于100%，则说明公司动用了一部分短期债务来购置长期资产，这样就会影响公司的短期偿债能力，其经营风险也将加大，实为危险之举。

（二）对利润表的分析

在财务报表中，企业的盈亏情况是通过利润表来反映的。利润表反映企业一定时期的经营成果和经营成果的分配关系。它是企业生产经营成果的集中反映，是衡量企业生存和发展能力的主要尺度。在分析利润表时，应主要抓住以下几个方面：

1．利润表结构分析

利润表是把上市公司在一定期间的营业收入与同一会计期的营业费用进行配比，以得到该期间的净利润（或净亏损）的情况。由此可知，该报表的重点是相关的收入指标和费用指标。“收入－费用＝利润”可以视作阅读这一报表的基本思路。当看到一份利润表时，会注意到以下几个会计指标：“主营业务利润”、“营业利润”、“利润总额”、“净利润”。

在这些指标中应重点关注主营业务收入、主营业务利润、净利润，尤其应关注主营业务利润与净利润的盈亏情况。许多人往往只关心净利润情况，认为净利润为正就代表公司盈利，于是高枕无忧。实际上，企业的长期发展动力来自对自身主营业务的开拓与经营。严格意义上而言，主营业务亏损但净利润有盈余的企业比主营业务盈利但净利润亏损的企业更危险。企业可以通过投资收益、营业外收入将当期利润总额和净利润做成盈利，可谁又敢保证下一年度还有投资收益和营业外收入呢？

2．通过关联交易分析利润的来源

上市公司为了展现自己的经营业绩，提高社会形象，往往利用关联交易来调节其利润，主要分析方法有以下几种：

（1）增加收入，转嫁费用

在进行投资分析时，一定要分析其关联交易，特别是母子公司间是否存在着相互关联交易、转嫁费用的现象，对于有母子公司关联交易的，一定要将其上市公司的当年利润剔除掉关联交易虚增利润。

（2）资产租赁

由于上市公司大部分都是从母公司剥离出来的，上市公司的大部分资产主要是从母公司以租赁方式取得的，从而租赁资产的租赁数量、租赁方式和租赁价格就是上市公司与母公司之间可以随时调整的阀门。有的上市公司还可将从母公司租来的资产同时转租给母公司的子公司，以分别转移母公司与子公司之间的利润。

（3）委托或合作投资

委托投资：当上市公司接受一个周期长、风险大的项目时，则可将某一部分现金转移给母公司，以母公司的名义进行投资，将其风险全部转嫁到母公司，却将投资收益确定为上市公司当年的利润。

合作投资：上市公司要想配股其净资产收益率要达到一定的标准，公司一旦发现其净资产收益率很难达到这个要求，便倒推出利润缺口，然后与母公司签订联合投资合同，投资回报按倒推出的利润缺口确定，其实这块利润是由母公司出的。

（4）资产转让置换

一般来说，上市公司通过与母公司资产转让置换，从根本上改变自身的经营状况，长期拥有“壳资源”所带来的配股能力，对上市公司及其母公司都是一个双赢战略。通常上市公司购买母公司优质资产的款项挂往来账，不计利息或资金占用费，这样上市公司不仅获得了优质资产的经营收益，而且不需付出任何代价，把风险转嫁给母公司。另外，上市公司往往将不良资产和等额的债务剥离给母公司或母公司控制的子公司，以达到避免不良资产经营所产生的亏损或损失的目的。

（三）现金流量表

现金流量表是反映企业在一定时期内现金流入、流出及其净额的报表，它主要说明公司本期现金来自何处、用往何方以及现金余额如何构成。在分析现金流量表时应注意以下几个方面：

1. 现金流量的分析

一些公司会通过往来资金操纵现金流量表。上市公司与其大股东之间通过往来资金来改善原本难看的经营现金流量。本来关联企业的往来资金往往带有融资性质，但是借款方并不作为短期借款或者长期借款，而是放在其他应付款中核算，贷款方不作为债权，而是在其他应收款中核算。这样其他应付、应收款变动额在编制现金流量表时就作为经营活动产生的现金流量，而实质上这些变动反映的是筹资、投资活动业务。这样当其他应付、应收款的变动是增加现金流量时，经营活动所产生的现金流量净额就可能被夸大。

2. 现金股利的分配

现金股利分配有很强的信息含量。财务状况良好的公司往往能够连续分配较好的现金股利，有一些上市公司虽然账面利润好看，但是利润是虚假的，财务状况恶劣，一般不能经常分配现金股利。

3. 每股现金流量

一家抓牢主业并靠主业盈利的上市公司，其每股经营活动产生的现金流量净额，不应低于其同期的每股收益。道理其实很简单，如果其获得的利润没有通过现金流进公司账户，那这种利润极有可能是通过做账“做”出来的。新股民最好选择每股税后利润和每股现金流量净额双高的股票，做中线操作。

第五章　不能不掌握的博弈分析方法

第一节　散户与庄家的零和博弈

有很多大客车去一个目的地——赚大钱。司机是庄家，乘客是散户。乘客上下车有一项规定：乘客随时可以上下车，但要下车，必须割一块肉给司机。很多车向目的地进发了。不久，有一辆大客车的速度慢了下来，最后停在路边修理。车上的乘客看着前后的车飞也似的往前跑，心里那个急啊，这么修下去什么时候能到目的地啊。于是，车上有乘客按捺不住，有的就纷纷下车，下车前就把肉给了司机，上了别的开得飞快的车。可上了第二辆车后，车子又出了毛病，病歪歪地慢了下来，又得修理，而且得知，这个车的病还很重，需要大修。这时车上的乘客又急了，不久又有乘客纷纷下车，询问专家，找一辆开得快一点的车，早一点到达目的地。频繁地上下车，没到目的地，90%的乘客已经骨瘦如柴，奄奄一息。这时候，几乎每一辆车都像刚出厂的新车，飞快地到了目的地，司机更是拿着鲜肉，哈哈大笑。

股市存在一天，庄家就会存在一天。股市是散户与庄家博弈的平台。目前市场上的博弈，实际上是一个零和博弈。零和博弈属于非合作博弈，是指博弈中一方的收益，必然是另一方的损失，即各博弈方得益之和为零。目前股市中的散户力量巨大，在近一年的牛市中，新股民不断加入，带入了大量资金。目前，散户资金已达到了庄家资金的两倍，造成了庄家几次想做空股市，却适得其反，反而造成自己踏空好行情，利益受损。在不同的阶段，散户与庄家的关系也不同。

一、吸筹阶段，散户与庄家是敌我矛盾

吸筹的过程也是建仓的过程，这是庄家经过周密策划后进入股市的第

一步。无论庄家采取任何手法，这时散户的买盘无疑都是在与其争碗里的肉，庄家是不会欢迎你的。这个阶段，散户与庄家比的是耐心，如果散户能禁得起震仓并有足够的耐心坚持到底，庄家拿你没办法，这个过程中散户与庄家的关系是敌我关系。

二、拉升初期，散户和庄家是盟友关系

当庄家完成了建仓过程后，考虑的便是拉升，这时他会在盘间营造出你所需要的各个指标，比如多头排列等，同时还有一批吹鼓手放出一些似是而非的朦胧利好题材，随后该股便会快速拉升脱离成本区。这时，持股不动的散户等于帮庄家锁筹，追进一族等于替庄家捧场抬轿，无疑这时的散户与庄家是盟友关系。

三、拉升后期，盟友关系开始出现裂痕

天下没有不散的筵席，炒股票为的是赚钱，做庄的目的更是想赚大钱，股票做到一定程度就要变现。一只股票在拉升的后期，庄家已经在考虑怎么出货了，而这时还潜伏在里面的散户无疑成了庄家的心病。一般来说，这时散户与庄家的关系开始出现裂痕，盘中的震荡就是想尽快地把你赶走，以防你吃到丰盛的大餐。

四、出货阶段，散户和庄家再现敌我矛盾

由于融资到期，股价翻番，庄家目的达到等因素，促使一个庄股演绎最后波澜壮阔的一幕，胜利大逃亡。这时，庄家才开始真正地出货，而此时他会视所有的散户为敌，早已向你张开了血盆大口，盘中出现任何一个好的指标都是诱多，还在盘中的散户稍不留神便会被庄家的血盆大口咬得浑身是血，而冲进来抢反弹的散户等于自投罗网。

庄家，只有在散户的“配合”下才能有所作为；散户，只有散户才是推动股市前进的动力。

第二节　最常见的庄家操作手法

一般而言，庄家操作可分为五个阶段：进庄的前期准备，建仓吸货，

疯狂洗盘，激情拉升，果断出货。

一、进庄的前期准备

进庄的前期准备，即掌握最好的进庄时机并选准操纵的股票。一般需要考虑的是，是否配合当时市场盛行的概念（如房地产、生物医药、零售业等），政策面是否处于波段低谷而有启动迹象、上市公司流通盘大小以及资金情况等。

二、建仓吸货

庄家常用的吸货手法是：设法打穿重要的技术支撑位，引发技术派炒手的止损盘，形成股价向淡形态，同时散布利空传闻，动摇散户的持股信心。有时，一只股票被几个庄家操纵，老庄与新庄之间则可能通过不断倒仓的方式，共同控制上市公司流通股。

三、疯狂洗盘

庄家吸货完毕之后，往往不会马上拉升，虽然庄家此时提升的心情十分急切，但还要最后一次对盘口进行全面的试验。

（一）试盘

庄家为了彻底了解市场对该股的筹码锁定程度和该股本身是否已有庄家潜伏，别的庄家对它是否也有所图，必须采用试盘的战术对其进行了解。具体地说就是：向上试盘和向下试盘。

1. 向上试盘

庄家为了了解该股的筹码锁定程度，必须在风平浪静时出其不意地猛然将该股的股价作大幅的拉升，然后让其自然回落，以便测试盘中筹码的抛压情况。如果拉升时，有大量的抛盘涌出，说明在该价位以下庄家可以展开打压建仓动作。如果拉升时，抛盘稀少说明该股在该价位以下收集到筹码有困难，必须考虑以更高的成本价格进行拉高收集才能完成建仓任务。具体表现在 K 线图上就是在风平浪静中猛然出现一根长长的上影线，这叫向上试盘，目的是测试盘中抛压大小，辨明建仓难易。

2. 向下试盘

庄家为了了解市场对该股筹码的买进兴趣，在有准备的情况下将用手中的少量筹码出其不意地将该股的股价突然大幅打低，以便观察有多少恐慌抛盘吐出或有多少场外买盘对它的低价位感兴趣而去展开买进动作，以此了解打压该股的下档支撑极限。如果打压超过该极限，打压出去的筹码就可能无法再次买回。其具体表现在 K 线图上，就是在风平浪静中突然出现一根长长的下影线，这叫向下试盘，目的是测试场外买盘力度，界定打压极限。

（二）洗盘

庄家在试盘时如果发现其中有相当多的坐轿者、短线客，在这种情况下，拉升前的洗盘就变得非常重要。洗盘的主要目的在于排除“不坚定分子”，庄家也可以借机降低吸筹成本，而且可利用买卖价差收益增加筹码。而经过庄家疯狂洗盘后，“与庄共舞”则基本被消除。

常用的洗盘手法有：打压洗盘、震荡洗盘和向上洗盘。

1. 打压洗盘

庄家在经历一定的拉升后，由于跟风盘普遍获利，庄家为了今后的拉升轻松，必须展开洗盘动作。向下打压股价的方式最能达到清洗获利浮码的目的。庄家向下打压股价，使跟风盘感觉已经到手的利润将要失去，由于害怕利润的消失甚至反遭套牢亏损而抛出持有筹码。K 线图上表现为高开低走的中大阴线或跳空低开的中大阳线。成交量上呈现规则性三角形萎缩，股价震荡幅度越来越小，短线客无利可图的市场特征。这也叫震仓：向下震仓和上拉震仓。共同心理意义都是让跟风盘害怕。

2. 震荡洗盘

庄家将股价拉升到一定阶段后，展开横向持续震荡不再进行拉升。由于跟风盘对股价横向震荡后的走势、结果和持续时间无法把握，有获利的想先落袋为安，无获利的想小亏出局而抛出持有筹码。庄家利用散户对无知的恐惧和对既得利益的贪婪达到洗盘的目的。该方式一般用于，股市属性较好，庄家不敢向下打压股价，怕打压的筹码收不回来，或大盘走势极强或庄家时间急迫的情况之下。

3. 向上洗盘

庄家由于实力超强或行情发动的时间要求非常急迫，将采取该种特殊方式。以向上震荡的波动形态展开洗盘动作。庄家利用每天盘中的大幅上下震荡吓出部分胆小的散户，同时庄家利用底部不断抬高的阴阳相间 K 线组合震荡吓出另一部分胆量稍大的散户，达到边拉升边洗盘边建仓的目的。K线图上表现为均线系统不断向上多头发散，K线组合阴阳交错，成交量规则缩放的图表特征。

四、激情拉升

拉升的关键在于庄家手中的筹码集中度，在掌握足够的流通盘后，拉升采取的主要策略则是大规模对倒推高股价，同时利用已控制的上市公司或与上市公司勾结发布利好消息同步配合。

五、果断出货

出货是庄家操作中最关键的一环，也是最难的一关，它直接决定做庄的成败。一般包括震荡出货、拉高出货、打压出货、金钩钓饵式出货、重大利好式出货、金蝉脱壳式出货等操作手法。

（一）震荡出货法

在高价区反复制造震荡，让散户误以为只是在整理而已，在震荡中慢慢分批出货。这种方法，出货时间长，常用于大盘股或重要的指标股出货操作。

（二）拉高出货法

发布突发性的重大利好消息，之后大幅高开，吸引散户跟进，这时，一边放量对倒，一边出货，往往一两天就完成出货操作。这种出货方法，要求人气旺盛，消息刺激性强，适合中小盘股操作。这种方法，庄家风险很大，只能在行情较为火暴时才能稍有把握成功出货。

（三）打压出货法

直接打压股价出货。这种情况的出现，往往是因为庄家发现了突发性的利空。或者某种原因迫使庄家快速撤庄。庄家持股成本远远低于散户持股成本，即使打压出货也有大钱可赚。这种出货方法，容易将股性破坏，一般庄家不愿采用。

（四）金钩钓饵式出货法

1. 规律性出货法

有的庄家为了出货，故意每天低开，全天多数时间让股价低位运行，然后尾市拉高，连续几天都这样，给自以为是的散户造成短线操作适当即可收益丰厚的感觉，一旦某天接盘众多，就果断砸盘出货。或者在K线图上制造有规律的箱体震荡，操作手法异曲同工。

2. 假换庄出货法

在盘面上进行明显的不同仓号对调，造成大单成交不断，或者干脆利用一个周五的时间进行一笔或者几笔特别大的成交，尾市上涨，同时配合咨询机构在电视媒体上指出这种异动，一批批散户很难不心动。

3. 大异动出货法

在盘面上挂出连续大买单，一分钱一分钱地把价格往上推，推到一定程度后突然跳水，把来不及撤单的买单砸成交。或者是在买单上挂上特别大的单，吸引散户上当，其中包括许多靠软件选股的散户。

（五）重大利好式出货法

1. 高业绩出货法

如果可能的话，使用财务手段把上市公司的业绩公布得特别地好，公布后先涨后跌达到出货的目的。

2. 大题材出货法

如果这只股票价格已经高了，先高比例送股，后改个适合当时热点的名字，其后送一个特别重的利好，紧接着出货。

3. 好形态出货法

用连续的小阳线上涨，进行所谓的低位放量，研究销量较大的软件公式，吸引单一技术的痴迷者的买盘出货。

（六）金蝉脱壳式出货法

1. 新换庄出货法

目前，有一些机构专门帮助一些不会出货的出货，条件是接货价格比市价便宜一些，协议出货。有些券商干脆把货出给基金。

2. 暗消息出货法

到一些大中户比较多的证券营业部，故意不断地买进某一只股票，让成交回报暴露，同时私下传播消息，达到出货的目的。

上述庄家手法很可能只是最常见手段的一部分，散户不要轻易上当。多了解一下庄家的操作手法，可以使你有更理性、更清醒的头脑来分析盘面上的是是非非，更清楚地知道股市中的游戏规则。

第三节　跟庄跟得好不如出货出得巧

“与庄共舞，战胜庄家”，也许是每一个散户的最大愿望，散户与庄家之间的爱与恨，情与仇，浓缩了一部投机史。在股票市场上，股价的变动，从某种意义上说，其实就是庄家与跟庄者较量后的结果。欺骗或反欺骗，在这里是一种智慧的比赛，也是一种策略的较量。

虽然庄家手法诡计多端，但总离不了“高抛”与“低吸”。了解了庄家的操作思路后，散户应审时度势，可预先上轿，待庄家拉升，于庄家出货前先行下轿。同样也可以待庄家介入后，及时跟进，与庄家共舞，适时获利。

散户跟庄，需要有敏捷快速的反应、及时准确的判断和良好的心理承受能力。散户需从日 K 线和 30 分钟 K 线来判断庄家进场与出货与否，如果股票价格进入盘局，一旦出现长阳、中阳配合大成交量，脱离盘整区域呈有效突破，即为买进时机。上涨途中，如果成交量适时萎缩，股价呈上升势头，还可以继续持仓。在一段涨升后，若股价进入盘整期应加倍小心，若阴线力量转强，一根阴线吃掉几根阳线而跌至 5 日均线之下，同时 5 日均线有走平拐头迹象，此时无论成交量大小与否，均呈卖出时机，此时应果断卖出手中筹码。

一、跟庄操作的三项技巧

（一）先发制人

所谓先，一是买进时要比别人先。在发觉有庄家对某一只股票逐步建仓时，要比别的股民先行一步，果断跟进，不要等到股市中很多人都知道这一只股票已有庄家重仓时再下决定。因为此时：一方面，可能该股票已有不小的涨幅，高位买进的风险较大；另一方面，当庄家在建仓未完成时行动迹象暴露，往往会迫使庄家改变原来的操作计划。二是卖出时要比庄家先。当庄家重仓股已经有较大的涨幅，或者出现放量滞涨，或者股票市场情况有较大变化时，要克服贪心，要比庄家先期离场，避免庄家出逃后被深度套牢。

（二）量能第一

根据量为价先的原则，股价的变化总是先要通过量的变化反映出来。在基本面分析的基础上，当股价在底部区域有持续的放量——放量震荡或者放量小幅上升，一般都意味着有庄家在建仓。而当股价有较大的升幅后，出现持续放量滞涨，或者成交量突然激增，如超过8%甚至10%以上，此时表明庄家有出货的可能。尽管该股仍有最后大幅拉升的机会，但为了安全起见，还是早点清仓，落袋为安。当整个股市股价较低时，好股票多的是，可准备多只；而当整个股市市盈率过高时，那么你全身而退，进行一段时间的休整和总结就是非常明智的。

（三）急流勇退

不少散户可能都有这样的体会：不是不会买股票，而是不会卖股票。庄家运作一只股票，主要经历三个阶段——建仓、拉升、出货，这三个阶段可以比喻为一条鱼的鱼头、鱼中段和鱼尾。庄家在拉升阶段，方向感很强。有的庄家是沿着20日均线以45度到60度的角度缓慢爬升，有的是短期疯狂涨停，以近乎90度的角度快速上涨。庄家拉升一只股票中不会有大的调整，几乎是一气呵成的，这个阶段上涨幅度最大，走势最明显。这一阶段就像鱼的中段，味道最美。我们就吃鱼的中段，在庄家完成建仓洗盘之后进入主升段时迅速跟进，在主力完成拉升后进入盘整出货期马上转战其他股票。这样我们可能赚得少一些，但赚得安全。而且因为是滚动操作，可以在多只股票上吃中段，收益就会相当可观。

具体实战中，散户应练就过硬的盘口观察能力。对均线系统的研判可以在一个侧面了解到庄家操作的迹象。

二、跟庄要坚持三项原则

（一）初期选股不在底部

初期选股的时候，一般股票不要在底部买，主要原因是你没法判断这个底部是不是真正的底部，很多股票盘出一个底来，还可以再盘下去，再探一个底，很多庄家就是通过盘底的方式来完成建仓，然后拉高，最后再突破。因此，买进的原则是从底部价格向上有20%左右的涨幅，把这20%的“鱼头”让给别人。当然，如果是长期炒一只股票，是可以判断出股价的底部的，那就可以选择合适的时机在底部买进。

（二）少量试探到重仓介入

少量试探是炒股票最重要的一个原则，目的是防止你由于思路不对，结果盲目地陷进去。想买进的时候不要重仓，而是少量试探，就是你计划投入20万元的资金，就先买1万元，以后逐渐增加。从少量试探到重仓介入，一个前提是这只股票要强，只有走强了才能跟进。

（三）短中结合

所谓短中结合，是指有些股票具备中线潜力的时候就要做中线，不要忙着短线操作快点出来，同时应该有一小部分仓位不断地做短线。

总之，炒股先找庄，循量找庄走捷径。察图跟庄最根本，跟庄跟得好不如出货出得巧。培养耐心是战胜庄家的诀窍。

第六章　不能不掌握的技术分析方法

第一节　分析股票换手率的方法

所谓换手率，是指单位时间内，某一股票的累计成交量与可交易量之间的比率。其数值越大，不仅说明交投的活跃，还表明股民之间换手的充分程度。换手率在股市中是很重要的买卖参考指标，应该说这远比技术指标和技术图形来得更加可靠。如果从造假成本的角度考虑，成交量越大所缴纳的交易印花税和交易佣金就越高是不争的事实。如果在K线上的技术指标、图形、成交量三个要素当中选择，庄家肯定是没有办法时才会用成交量来骗线。因此，研判成交量、换手率对于判断一只股票的走势是很有帮助的。

对于股票换手率的分析，最应引起新股民重视的是换手率过高和过低时的情况，过高或过低的换手率在大多数情况下都可能是股价变盘的前奏。一般来说，在股价长时间调整之后，如果连续一周多的时间内换手率都保持在极低的水平（如周换手率在2%以下），往往预示着买卖双方都在观望中。由于卖方的力量已基本释放完毕，此时股价基本上已进入底部区域，此后即使是一般的利好消息也可能会引发强劲反弹。

对于高换手率的出现，新股民首先应该分析的是高换手率出现的相对价位，如果此前这只股票是在长期低迷后出现放量的，且较高的换手率能维持几个交易日，一般可看作是新增资金介入，高换手的可信度较大。由于是底部放量，加上换手充分，所以，这只股票未来的涨幅相对较大，成为强势股的可能性也较大，新股民有必要重点关注。如果一只股票在相对高位突然高换手，成交量突然放大，一般来说，股价下跌的可能性较大。这种情况大多伴随有利好出台，此时，已经获利的资金会趁机离场，利好出尽是利空就是在这种情况下出现的。对于这种情况下的高换手率，新股民应小心为妙。

除了要分析高换手率出现的相对价位外，还要关注高换手率的持续时间。在大多数情况下，部分持仓较重的庄家会因无法离场而采取对倒的手法来吸引跟庄者，因此对于那些换手充分但涨幅有限的股票要高度警惕，或者调低对该股的盈利预期。而对于一批面临退市风险的ST股，尽管它们的换手率也很高，但还是敬而远之为好。但对于新股而言，如果开盘价与发行价差距不大并且能在较长时间内维持较高的换手率，可以考虑适时买进。

其实，无论换手率过高或过低，只要前期的累计涨幅过大，都应谨慎对待。当单日换手率超过10%时，尤其是连续几个交易日的换手率都超过7%时，就更要谨慎。

第二节　分析股票趋势线的方法

美国华尔街有句名言：“唯趋势才是你的朋友。”大家也都知道“顺势而为”是炒股的重要法则。顺势者昌，逆势者亡。但怎样判断趋势和顺势而为，一直以来却是困扰股民的难题。趋势线是被股民广泛使用的一种技术分析工具，不仅简单，而且实用。

所谓趋势线，就是根据股价上下变动的趋势所画出的线，画趋势线的目的，是依其脉络寻找出恰当的买进时机与卖出时机。趋势线可分为上升趋势线、下降趋势线与横向整理趋势线。在一个上升趋势中，把两个或两个以上升浪的“底”连成一线，加以延长，这就是上升趋势线；在一个下降趋势中，把两个或两个以上的长跌浪的“顶”连成一线，加以延长，这就是下降趋势线。要提高趋势的准确率，就要看一条趋势线上连了多少个点。“两点成一线”，只有两个点的趋势线，就不要信。如果连的点多了，比如3、4、5个，那准确率就大大提高了。一条有效的趋势线必须由第三次触及该线并反弹进行确认。一旦得出一条有效的趋势线，股价通常按趋势线呈现出的斜率和速率运行。

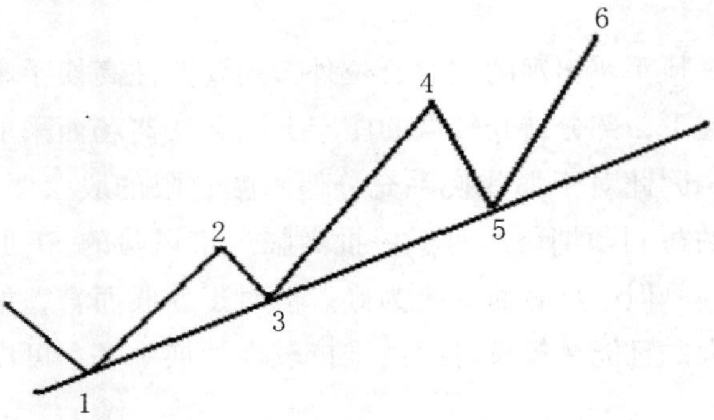

上升趋势线。连接1、3形成暂定趋势线，5进行确认，形成有效趋势线。

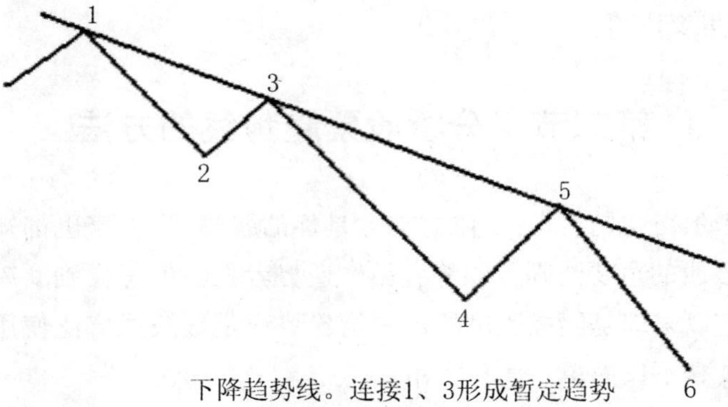

下降趋势线。连接1、3形成暂定趋势线，5进行确认，形成有效趋势线。

趋势线的有效画法

股价对有效趋势线的突破是趋势可能反转的早期预告。为了避免踏入趋势线的陷阱，需采用“过滤器”验证。股价“过滤器”，以股价跌破趋势线的幅度为标准，一般为3%；时间“过滤器”，以股价跌破趋势线后停留在趋势线另一侧的时间为标准，一般为“两天原则”。

趋势线也会角色转换，成支撑或压力。一条有效的趋势线被突破，股价离开趋势线的距离，通常与趋势反转以前股价在趋势线的初始点达到的竖直距离相等。

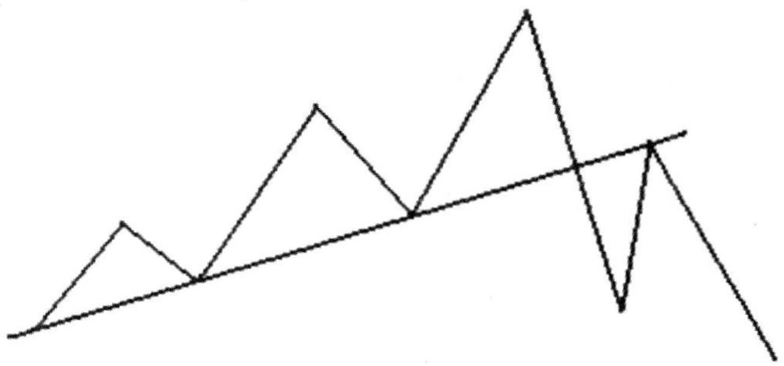

上升趋势线转为阻力线

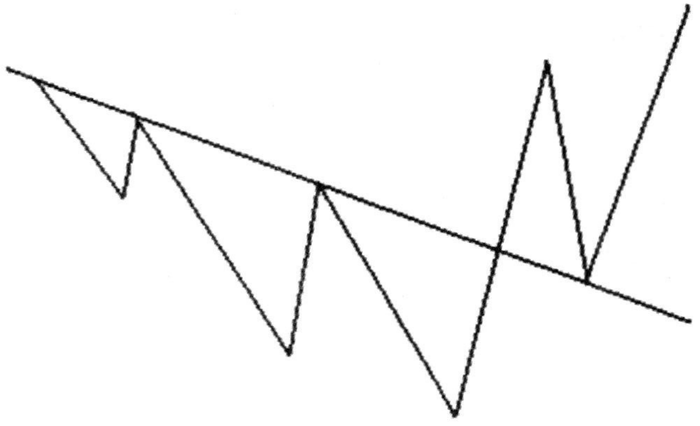

下降趋势线转为支撑线

趋势线角色转换成支撑或压力

股价的趋势线，是由买卖双方力量较量的结果所决定。趋势线，其实是一份战况记录。买家力量占上风，趋势线就是一浪高一浪；卖家占了绝对优势，趋势线就是一浪低一浪。上升趋势线以上的“走廊”，恰恰是“一浪高过一浪”的运行方向；下降趋势线以下的“走廊”，正好是“一浪低一浪”的运行路径。假如，走势跌破了上升趋势线，说明买气已由盛转衰，“一浪高一浪”的惯性已遭逆转，所以成为卖出时机；相反，如果走势冲破了下降趋势线，说明卖压已由强变弱，“一浪低一浪”的轨迹发生逆转，因此成为买进时机。

第三节　分析股票 K 线的方法

K 线又称蜡烛图、阴阳线，是最古老、最通用的技术分析方法，K 线具有东方人所擅长的形象思维特点。它最早由米市的商人使用，米市的商人用来记录行情与价格波动。后因其标画方法具有独到之处，在股市被广泛引用。K 线是一种特殊的语言，一旦读懂这些密码，将对股票买卖有很大的帮助。越是大盘股，其 K 线图就越可信，这是因为盘子越大的股票，其股价被操纵的可能性越小。

一、K 线标画方法

首先找到该日或某一周期的最高价和最低价，垂直地连成一条竖线；然后再找出开盘价和收盘价，把这两个价位连接成一条狭长的长方柱体（实体）。假如当日或某一周期的收盘价较开盘价为高（即低开高收），便以红色来表示，或是在柱体上留白，这种柱体就称之为“阳线”。如果当日或某一周期的收盘价较开盘价为低（即高开低收），则以绿色表示，或是在柱体上涂黑色，这柱体就是“阴线”了。在阳线中，最高价与收盘价之间的部分称之为“上影线”，开盘价与最低价之间就称作“下影线”。这时，上影线的长度表示最高价和收盘价之间的价差，实体的长短代表收盘价与开盘价之间的价差，下影线的长度则代表开盘价和最低价之间的差距。在阴线中，最高价与开盘价之间的部分称之为“上影线”，收盘价与最低价之间就称作“下影线”。这时，上影线的长度表示最高价和开盘价之间的价差，实体的长短代表开盘价比收盘价高出的幅度，下影线的长度则由收盘价和最低价之间的价差大小所决定。有时两个价格重合，即开盘价或者收盘价同时也就是最高价或者最低价，有一边就没有影线，称之为光头线或光脚线。

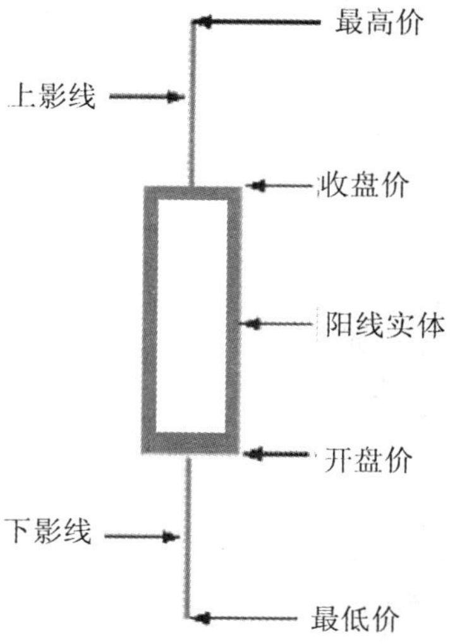

阳线

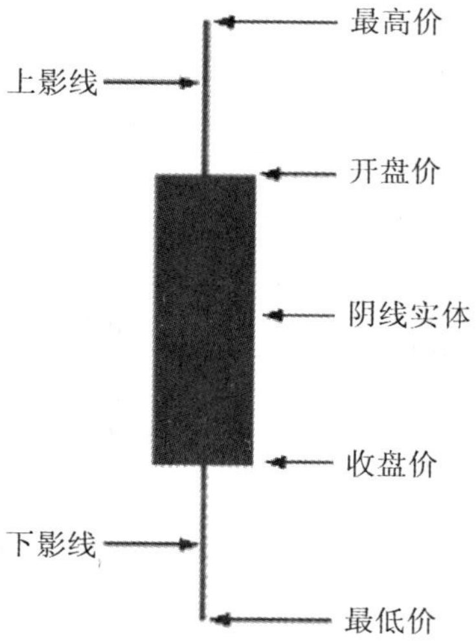

阴线

阳线、阴线

根据K线的计算周期可将其分为日K线、周K线、月K线、年K线。周K线是指以周一的开盘价，周五的收盘价，全周最高价和全周最低价来画的K线图。月K线则是以一个月的第一个交易日的开盘价，最后一个交易日的收盘价和全月最高价与全月最低价来画的K线图。同理可以推得年K线的意思。周K线、月K线常用于研判中期行情。对于短线操作者来说，众多分析软件提供的5分钟K线、15分钟K线、30分钟K线和60分钟K线也具有参考价值。

根据开盘价与收盘价的波动范围，可将K线分为极阴、极阳，小阴、小阳，中阴、中阳和大阴、大阳等线型。极阴线和极阳线的波动范围在0.5%左右，小阴线和小阳线的波动范围一般在0.6%～1.5%，中阴线和中阳线的波动范围一般在1.6%～3.5%，大阴线和大阳线的波动范围在3.6%以上。

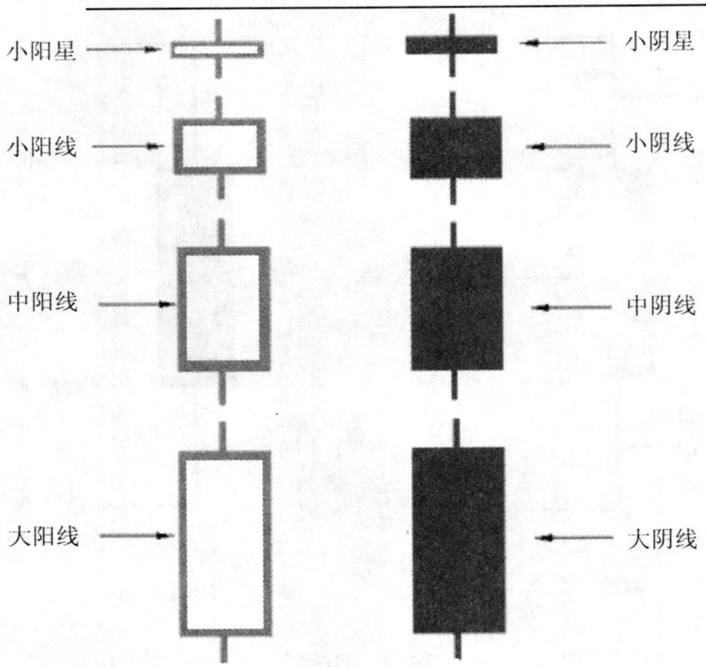

开盘价与收盘价的波动范围

（一）阳线的多种图形

图　形	名　称	意　　义
	收盘光头阳线	强力上升线，开盘下跌后掉头回升，以全日最高价收盘，可见上升动力大。
	开盘光头阳线	上升力强，但受阻挡，应谨慎。若是在持续上涨之后，可能是下跌的先兆；若是在下跌中的反弹行情，则多头实力不足，仍将下跌。
	光头阳线	全日节节上升，有强烈的涨势。如果在跌市中出现，可能是跌市结束的信号，是转换行情的点。
	小阳线	行情扑朔迷离，涨跌难有准确估计。如果出现在强烈持续上升之后，表示高位震荡，持续力不足，可能是下跌的先兆。如果在长期下跌之后出现，表示欲振乏力，可能继续下跌。

（续表）

图　形	名　称	意　　义
	极阳线/小阳星	全日中股价波动很小，开盘价与收盘价极其接近，收盘价略高于开盘价。小阳星的出现，表明行情正处于混乱不明的阶段，后市的涨跌无法预测，此时要根据其前期 K 线组合的形状以及当时所处的价位区域综合判断。
	上影阳线	市场上升趋势减弱，在较高价位明显受阻，后市有可能下跌。这种图形常见于庄家的试盘动作，说明此时浮动筹码较多，涨势不强。
	下影阳线	暗示上升力强。
	上吊线	股价表现出探底过程中成交量萎缩，随着股价的逐步攀高，成交量呈均匀放大势态，并最终以阳线报收，预示后市股价看涨。如果在高价位区域出现上吊阳线，股价走出如图所示的形态，则有可能是庄家在拉高出货，要小心。

（二）阴线的多种图形

图　形	名　称	意　　义
	光头阴线	整日下跌，后市疲弱，行情极坏，还要下跌，在空头市场经常出现。如连续出现数根大阴线，可能有反弹行情。
	收盘光头阴线	属先涨后跌型，卖方势强，行情看跌。表示股价虽有反弹，但上档抛压沉重。空方趁势打压使股价以阴线报收。
	开盘光头阴线	行情下跌后受到承接，显示有反弹迹象。
	极阴线/小阴星	行情混乱，涨跌难以估计。如果出现在持续上升之后，表示高位震荡，可能是下跌的先兆。

（续表）

图　形	名　称	意　　义
	下影阴线	行情疲软，暗示底部有较强支撑力，后市可能趋于上升。如果在持续上升的行情中出现，仍将会持续上升；如果出现在持续下跌的行情中，将可能弹升。
	上影阴线	先涨后跌，底部支撑力不大，在涨市中出现，有可能是结束升市的信号。

（三）同时线的多种图形

图　形	名　称	意　　义
	四值同时线	市场疲弱，成交量小，观望中。这种价位在冷清股市中出现。
	丁字线/多胜线	卖方虽强但买方力量会更大，行情出现转机，转跌为升的信号，后市可能持续上升。多方实力胜于空方，在牛市中出现，可能续涨，在熊市中出现，可能反弹。
	下长同时线	行情会出现反转。
	倒丁字线/空胜线	买方虽强，但卖方更强，行情看跌。在牛市行情中出现，可能下跌；在熊市行情中出现，可能持续下跌。
	十字线	买卖双方之攻防点，大市正处于转变之时，可能是股市转向的信号。 大十字星代表多空决斗型，表明当日多空双方势均力敌，次日股价走势如在上影线部分，表明多头势强，可买进；反之，则卖出。小十字星是小幅度的僵局型态，应静观其变后再定。

K线图往往受到多种因素的影响，在运用K线图时，一定要与其他多种因素结合起来，进行综合分析和判断。

二、简单三招看 K 线

面对形形色色的 K 线组合，新股民不禁有些为难，复杂的 K 线大法可归纳为简单三招看 K 线，即一看阴阳，二看实体大小，三看影线长短。

（一）看阴阳

阴阳代表趋势方向，阳线表示将继续上涨，阴线表示将继续下跌。以阳线为例，在经过一段时间的多空搏斗，收盘高于开盘表明多头占据上风。故阳线往往预示着继续上涨，这一点也极为符合股价沿趋势波动，而这种顺势而为也是技术分析中的核心思想。同理可得，阴线继续下跌。

（二）看实体大小

实体大小代表内在动力，实体越大，上涨或下跌的趋势越是明显，反之趋势则不明显。以阳线为例，其实体就是收盘高于开盘的那部分，阳线实体越大说明了上涨的动力越足。同理可得，阴线实体越大，下跌动力也越足。

（三）看影线长短

影线代表转折信号，向一个方向的影线越长，越不利于股价向这个方向变动，即上影线越长，越不利于股价上涨，下影线越长，越不利于股价下跌。以上影线为例，在经过一段时间多空斗争之后，多头终于败下阵来。不论 K 线是阴还是阳，上影线部分已构成下一阶段的上档阻力，股价向下调整的概率居大。同理，可得下影线预示着股价向上攻击的概率居大。

三、怎样看 K 线图的买卖信号

（一）怎样看 K 线图的卖出信号

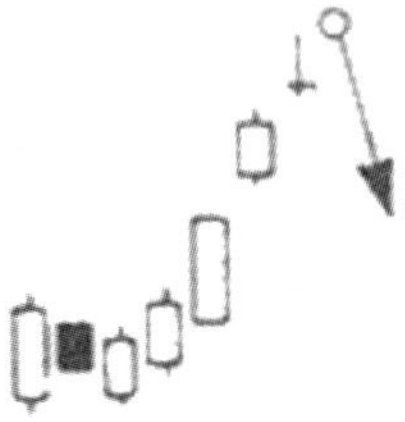
1. 十字线

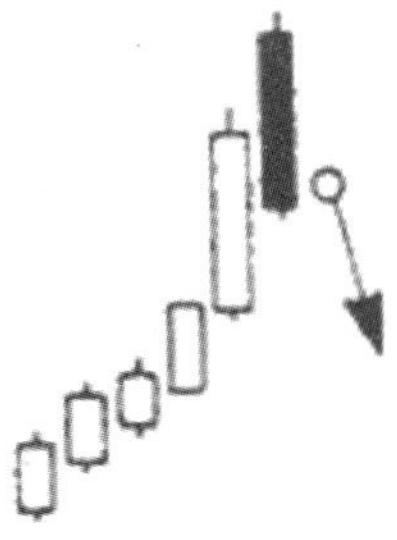
2. 覆盖线

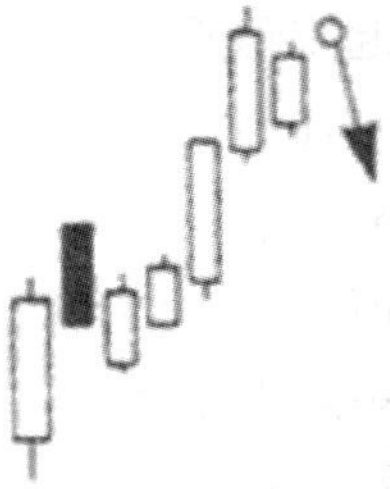
3. 孕育线

1. 十字线

在高价区域出现十字线（开盘收盘等价线），并留下上下影线，其中上影线较长。这种情形表示股价经过一段时间后，已涨得相当高，续涨乏力，开始要走下坡路，这是明显的卖出信号。

2. 覆盖线

行情连续数日上涨之后，隔日以高盘开出，随后买盘不愿追高，大势持续下滑，收盘价跌至前一日阳线之内。这是超买之后所形成的卖压涌现，获利了结盘大量抛出，股价将下跌。

3. 孕育线（小阳线缩在大阳线之内）

连续数天上涨之后，隔天出现一根小阳线，并完全孕育在前日的大阳线之内，表示上升乏力，是暴跌的先兆。

4. 孕育线

5. 上吊阳线

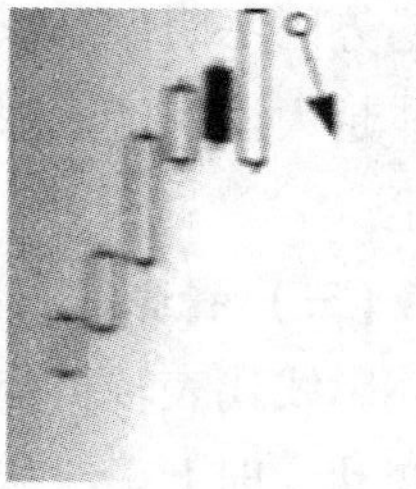
6. 跳空

4. 孕育线（阴线缩在大阳线之内）

经过连日大涨之后，当日的开收盘价完全孕育在前一日的大阳线之中，并出现一根阴线，这也代表上涨不足，是下跌的先兆。若隔日再拉出一条上影阴线，下跌几成定局。

5. 上吊阳线

在高档开盘，先前的买盘因获利了结而离场，使得大势随之滑落，低档又遇有力承接，价格再度攀升，形成了下影线为实体的三倍以上。此图形看起来似乎买盘转强，然而要慎防庄家拉高出货，空手者不宜介入，持仓者宜逢高抛售。

6. 跳空

所谓跳空即两条阴阳线之间不互相接触，中间有空隙的意思。连续出现三根跳空阳线后，卖压必然出现，新股民在第二根跳空阳线出现后，即应先行获利了结，以防回档惨遭套牢。

7. 最后包容线

8. 孕育十字线

9. 反击顺沿线

7. 最后包容线

当行情持续数天上涨后，出现一根阴线，隔天又开低走高拉出一根大阳线，将前一天的阴线完全包住。这种现象看似买盘增强，但只要隔日行情出现比大阳线的收盘价低，新股民则应该断然做空。若是隔日行情高于大阳线的收盘价，也很有可能成为“覆盖阴线”，应慎防。

8. 孕育十字线

即今日的十字线完全包含在前一日的大阳线之中。此状态代表买盘减弱，行情即将回软，价格下跌。

9. 反击顺沿线

顺沿线是指从高档顺次而下出现的二根阴线。为了反击这二根阴线所出现的一根大阳线，看起来似乎买盘增强了，但新股民须留意这只不过是根“障眼线”，庄家正在拉高出货，也是新股民难得的逃命线，宜做空。

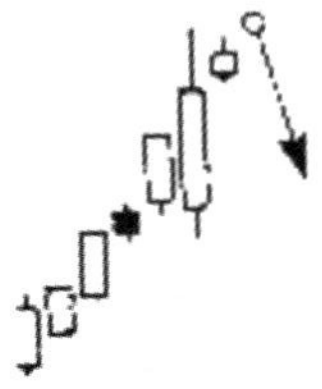
10. 尽头线

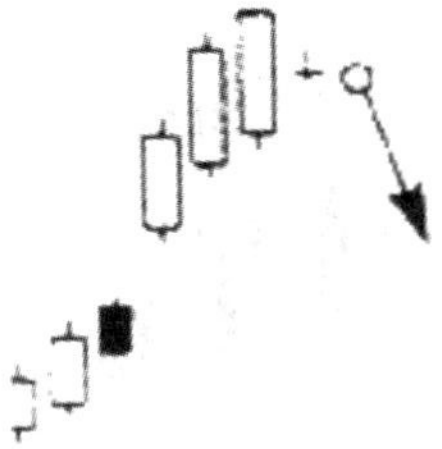
11. 跳空孕育十字线

12. 舍子线

10. 尽头线

持续上涨的行情一旦出现此图形，表示上涨即将不足，行情将回档盘整，宜先行获利了结。这也是一种“障眼线”，小阳线并没有超越前一日的最高点，说明上涨乏力，行情下跌。

11. 跳空孕育十字线

当价格跳空上涨后拉出三根大阳线，随后又出现一根十字线，说明涨幅过大，买盘不愿追高，持仓者纷纷抛出，股价将暴跌。

12．舍子线

行情跳空上涨形成一根十字线，隔日却又跳空拉出一根阴线，暗示行情即将暴跌。此时价格涨幅已经相当大，无力再往上冲，以致跳空而下，为卖出信号。

13. 跳空下降

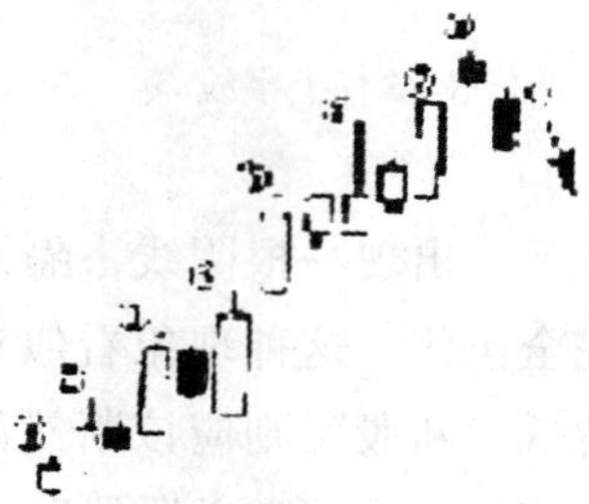

14. 八段高峰获利了结

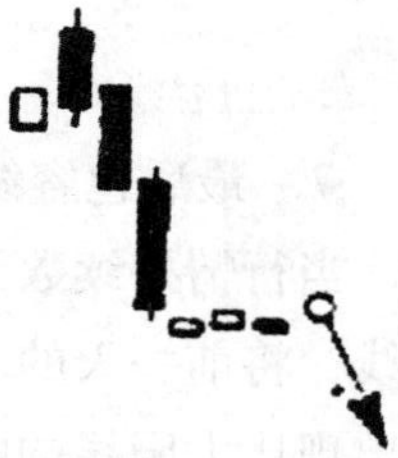

15. 三颗星

13．跳空下降

在连续多天阴线之后出现一根往上的阳线，这种情形是回光返照的先兆，宜抓住时机卖出，否则价格会继续下跌。

14．八段高峰获利了结

当价格爬上第八个新高价时，即应获利了结。如果此时不脱手，也不可放至超过第十三个新高价。

15．三颗星

下跌行情中出现极线，这是平仓的好机会，价格将再往下探底。

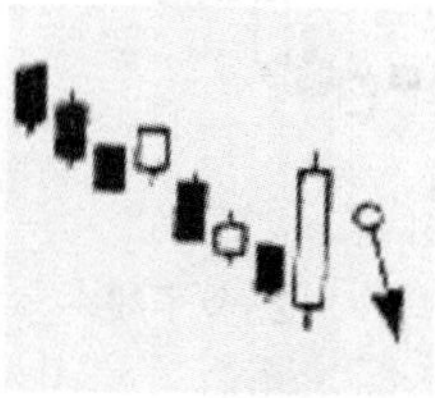

16. 三段大阳线

17. 顺沿线

18. 暴跌三杰

16．三段大阳线

行情持续下跌中出现一根大阳线，此大阳线将前三天的值幅完全包容，这是绝好的逃命线，宜尽快平仓，价格还会下跌。

17．顺沿线

当行情上涨一个月以后，出现连续二根下降阴线，即可判定前些日的高价为天价，价格将下降。

18. 暴跌三杰

当行情大涨出现三条连续阴线，即为卖出信号，这是暴跌的先兆，行情将呈一个月以上的回档整理期。

19. 跳空下降二阴线

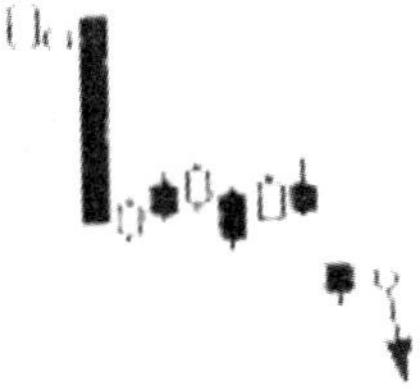
20. 低档盘旋

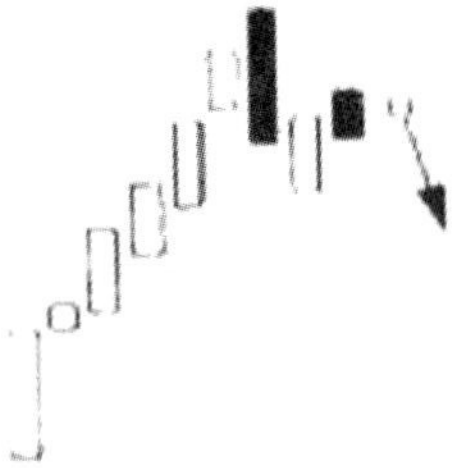
21. 下降覆盖

19. 跳空下降二阴线

在下降的行情中又出现跳空下降的连续二根阴线，这是暴跌的先兆。通常在两根阴线出现之前，会有一小段反弹行情，但若连续出现阴线时，表示买盘大崩盘，行情将继续往下探底。

20. 低档盘旋

通常整理时间在 6 天到 11 天之间，若接下来出现跳空阴线，则为大跌的起步，行情将持续回档整理。

21. 下降覆盖

在高档震荡行情中，出现一条包容大阴线，隔日牵出一根下降阳线，接下来又出现覆盖线，则暗示行情已到顶，此时为脱手线。

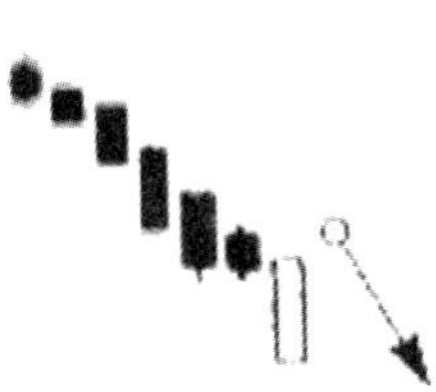
22. 下降插入线

23. 下降三法

24. 高档五条阴线

22. 下降插入线

持续下降阴线中，出现一开低走高的阳线，为卖出时机，行情必将持续下跌。

23. 下降三法

在行情持续下跌中，出现一根大阴线，隔天起却又连现三根小阳线，这并不代表筑底完成，接下来若再出现一根大阴线，则为做空时机。

24. 高档五条阴线

价格涨幅已高，出现五条连续阴线，说明行情进入盘局，此时若成交量减缩，更可断定行情不妙。

25. 弹头天价

26. M形信号

25. 弹头天价

在天价区并没有进行箱形整理，呈现平稳的滑动，说明股价将回档整理。

26. M 形信号

行情出现第一次天价后，开始回跌。当第二次向天价挑战时，却因大量卖盘涌现，无法突破第一次天价，在第一次天价附近形成第二次天价，然后下跌。这是明显的卖出信号。

（二）怎样看 K 线图的买进信号

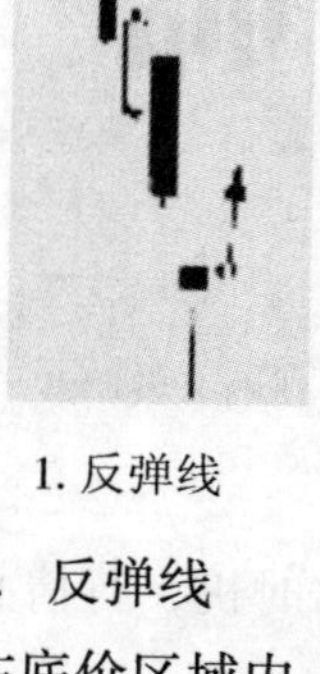

1. 反弹线

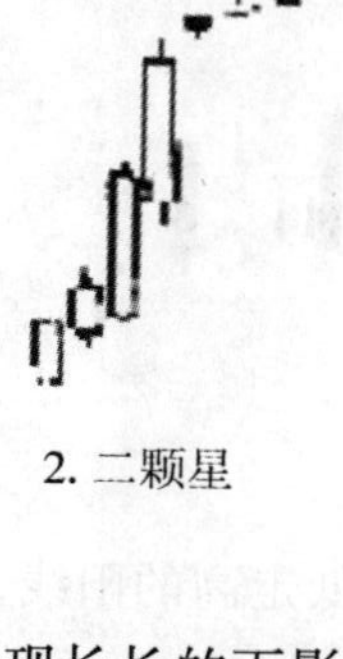

2. 二颗星

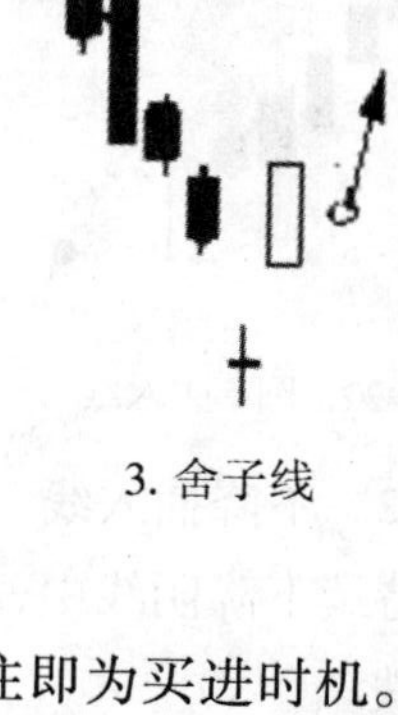

3. 舍子线

1. 反弹线

在底价区域内，行情出现长长的下影线时，往往即为买进时机。出现买进信号之后，即可买进，或为了安全起见，可等候行情反弹回升之后再买进，若无重大利空出现，行情必定反弹。

2. 二颗星

上涨行情中出现极线的情形即称为二颗星、三颗星，此时价格上涨若再配合成交量放大，即为买进时机，价格必再出现另一波上涨行情。

3. 舍子线

在大跌行情中，跳空出现十字线，这暗示着筑底已经完成，为反弹之先兆。

4. 跳空上扬

5. 最后包容线

6. 下档五条阳线

4. 跳空上扬

在上涨行情中，某日跳空拉出一根阳线后，即刻出现一根下降阴线，此为加速价格上涨的先兆，新股民不要惊慌做空，价格必将持续上升。

5. 最后包容线

在连续的下跌行情中出现小阳线，隔日即刻出现包容的大阴线，这说明筑底完成，行情即将反弹。

6. 下档五条阳线

在底价区域内出现五根阳线，暗示逢低接手力量不弱，底部形成，将反弹。

7. 下降阴线

8. 反弹阳线

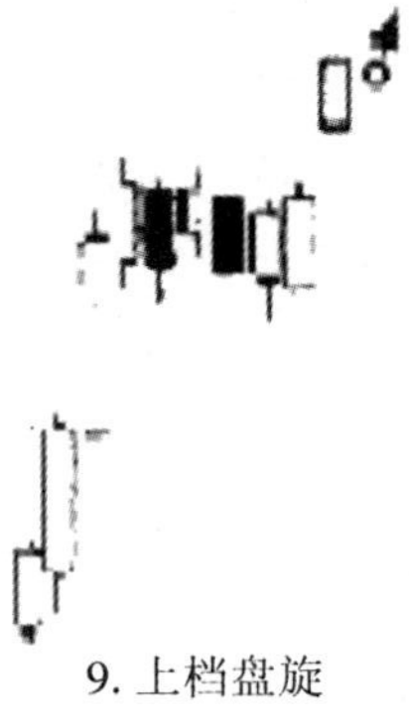

9. 上档盘旋

7. 下降阴线

在上涨的过程中，出现三根连续下跌阴线，为逢低承接的大好时机。当第四天阳线超越前一天的开盘价时，表示买盘强于卖盘，应立刻买进以期价格上涨。

8. 反弹阳线

确认行情已经跌得很深，某一天，行情出现阳线，即“反弹阳线”时，即为买进信号。若反弹阳线附带着长长的下影线，表示低档已有庄家大量承接，行情将反弹而上。

9. 上档盘旋

行情随着强有力的大阳线往上涨，在高档将稍做整理，也就是等待大量换手，随着成交量的扩大，即可判断另一波涨势的出现。上档盘整期间约6到11天，若时间过长则表示上涨无力。

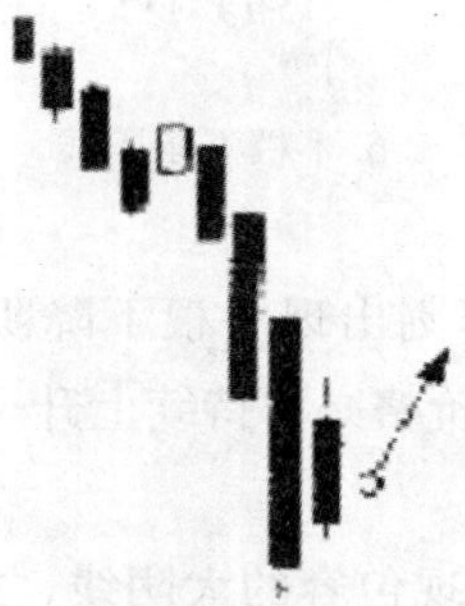

10. 阴线孕育阴线

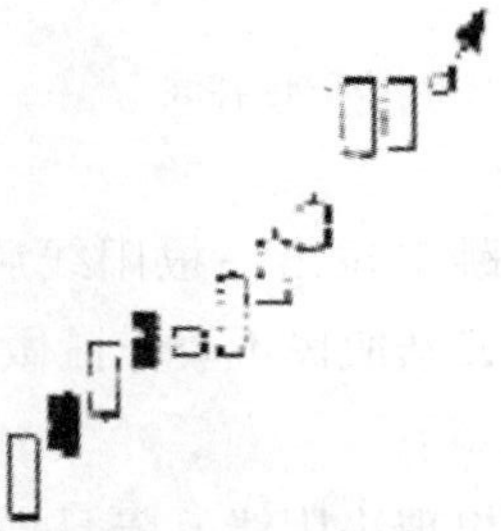

11. 并排阳线

12. 超越覆盖线

10. 阴线孕育阴线

在下跌行情中，出现大阴线的次日行情呈现一根完全包容在大阴线内的小阴线，显示卖盘出尽，有转盘的迹象，将反弹。

11. 并排阳线

持续涨势中，某日跳空出现阳线，隔日又出现一根与其几乎并排的阳线，如果隔日开高盘，就可期待好行情的出现。

12. 超越覆盖线

行情上涨途中若是出现覆盖线，表示已达天价区，此后若是出现创新天价的阳线，代表行情有转为买盘的可能，行情会继续上涨。

13. 上涨插入线

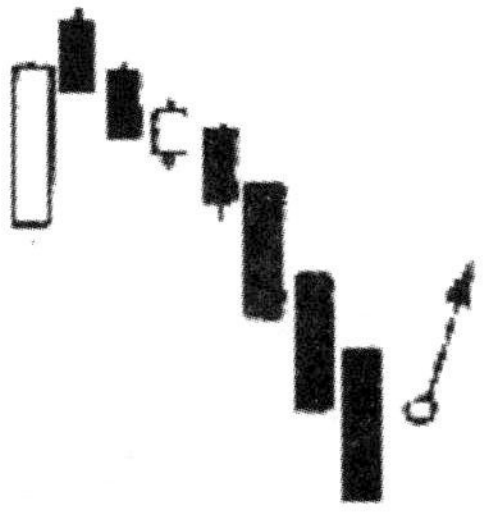
14. 三根大阴线

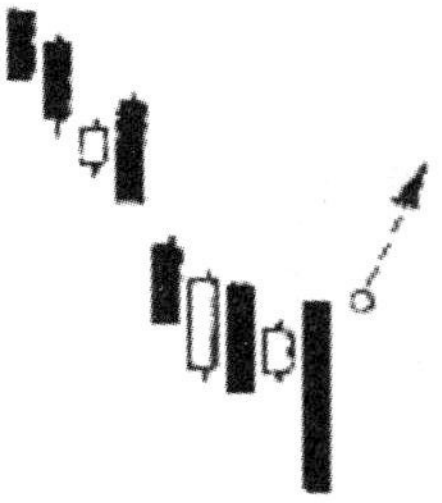
15. 五根阴线后一根大阴线

13．上涨插入线

在行情震荡走高之际，出现覆盖阴线的隔日，拉出一根下降阳线，这是短期的回档，行情看涨。

14．三根大阴线

在下跌行情中出现三根连续大阴线，是行情陷入谷底的先兆，行情将有转折，价格会上扬。

15．五根阴线后一根大阴线

当阴阳交错拉出五根阴线后，出现一根长长的大阴线，可判断“已到底部”，如果隔日高开，即是反弹的开始。

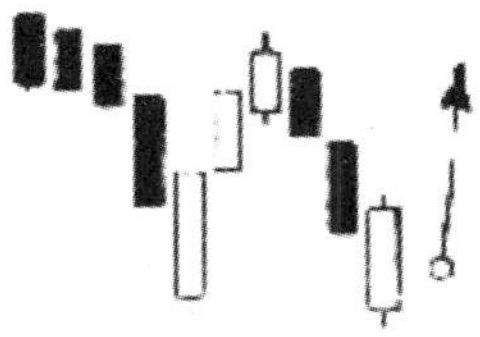
16. 二条插入线

17. 上升三法

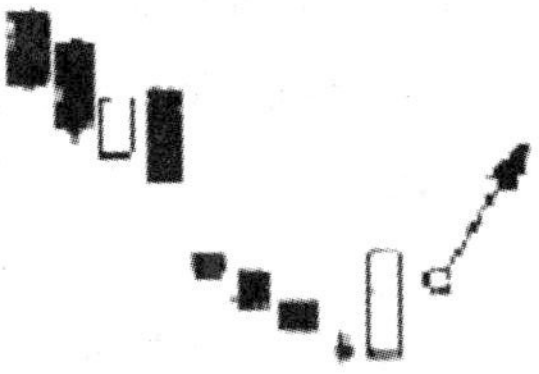
18. 连续下降三颗星

16．二条插入线

逢低接手力量强劲，行情因转盘而呈上升趋势。

17．上升三法

行情上涨中，大阳线之后出现三根连续小阴线，这是蓄势待发的先兆，价格将持续上升。

18．连续下降三颗星

确认价格已跌深，在低档盘整跳空出现连续三根小阴线（极线），这是探底的先兆，如果第四天出现十字线，第五天出现大阳线，则可确认底部已筑成，股价反转直上。

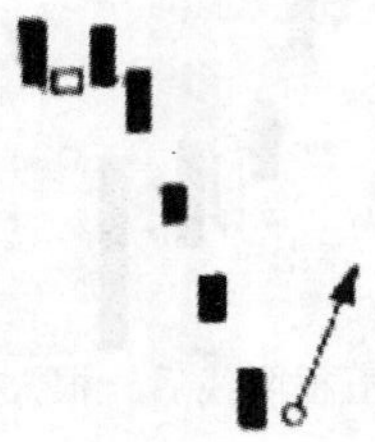

19. 三空阴线

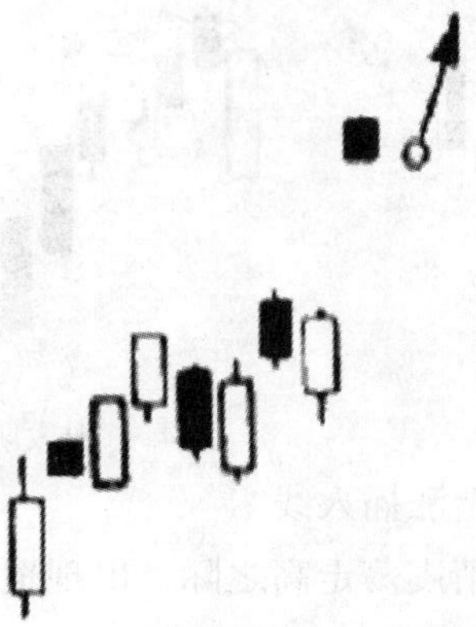

20. 向上跳空阴线

19. 三空阴线

当行情出现连续三根跳空下降阴线，则为买进的好时机，行情即将反弹。

20. 向上跳空阴线

虽不代表大行情出现，但约可持续7天左右的涨势，为买进时机。

股价K线图能够全面透彻地观察到股市的真正变化。我们从K线图中，既可看到股价的走势，也可以了解到每日市况的波动情形。股价K线图是新股民不可不掌握的技术分析方法。

第四节　分析股票均线的方法

移动平均线是指收盘价的均线。移动平均线的计算方法就是连续若干天的收盘价的算术平均。例如，参数为10的移动平均线就是连续10日的收盘价的算术平均价格，记号为MA（10）。同理，还有5日均线、30日均线等。

很多人认为均线是很简单的东西，不值得学习。但是在技术分析中，往往越简单的东西越可靠，因为这种经典的分析方法存在已久，并且在多年的实战中得到了广泛的验证。如果这种方法没用的话，那么它就不会流传至今。

一、均线八大买卖法则

均线的使用，最常见的是葛兰威尔法则。葛兰威尔法则是均线应用的最好总结。“均线八大买卖法则”是亘古不变的真谛精髓。其要点如下：

（一）均线从下降逐渐转为上升或者盘局，而价格从均线下方突破均线，为买进信号。

（二）价格虽然跌破均线，但又立刻回升到均线上，持续上升，仍为买进信号。

（三）价格趋势走在均线上，价格虽有一定回调，但在均线附近即受到其支撑（均线的助涨性），而并未跌破均线且立刻反转上升，为买进信号。

（四）价格突然暴跌，跌破均线且在短期内进一步向下远离均线，则有较大可能反弹上升，也是买进信号。

（五）均线从上升逐渐转为盘局或者下跌，而价格向下跌破均线，是卖出时机。

（六）价格虽然向上突破均线，但又立刻回跌至均线下，并持续下降，仍为卖出信号。

（七）价格趋势走在均线下方，价格虽有一定上升，但在均线附近即受到其阻力压制（均线的助跌性），并未突破均线却立刻反转下跌，也是卖出时机。

（八）价格突然暴升，突破均线，且在短期内进一步拉升而远离均线，则有可能反弹结束，是卖出信号。

二、股票均线口诀

年线下变平，准备捕老熊。年线往上拐，回踩坚决买！
年线往下行，一定要搞清。如等半年线，暂作壁上观。
深跌破年线，老熊活年半。价稳年线上，千里马亮相。
要问为什么？牛熊一线亡！半年线下穿，千万不要沾。
半年线上拐，坚决果断买！季线如下穿，后市不乐观！
季线往上走，长期做多头！月线不下穿，光明就在前！
股价踩季线，入市做波段。季线如被破，眼前就有祸，月线上穿季，买进等获利。月线如下行，本波已完成！
价跌月线平，底部已探明。20 线走平，观望暂做空。
20 线上翘，犹如冲锋号。突然呈加速，离顶差一步！
10 天庄成本，不破不走人。短线看 3 天，破掉你就跑！
长期往上翘，短期呈缠绕。平台一做成，股价往上跃！

市场是一次又一次的涨跌循环，涨时须想到跌，跌时须想到涨，顺境时既不为物喜，逆境时也不为己悲。跌是涨的基础，涨是跌的根据。从实战操作的角度，买点是跌出来的，卖点是涨出来的。研究好止损取盈的艺术，就成功了 80%。

三、股票均线买卖表

序列号	均线分类			图形名称	仓位控制（成数）			后市预测与关注点					
	长线	中线	短线		长线	中线	短线	长线		中线		短线	
1	多	多	多	全牛市	10	10	10	上	见顶	上	见顶	上	见顶
2	多	多	盘	牛市短盘	10	9	0	上	见顶	上	见顶	盘	突破
3	多	多	空	牛市短空	10	8	0	上	见顶	上	见顶	下	见底
4	多	盘	多	牛市中盘短多	9	0	9	上	见顶	盘	突破	上	见顶
5	多	盘	盘	牛市中短盘	9	0	0	上	见顶	盘	突破	盘	突破
6	多	盘	空	牛市中盘短空	9	0	0	上	见顶	盘	突破	下	见底
7	多	空	多	牛市中空短多	8	0	8	上	见顶	下	见底	上	见顶
8	多	空	盘	牛市中空短盘	8	0	0	上	见顶	下	见底	盘	突破
9	多	空	空	牛市中空	8	0	0	上	见顶	下	见底	下	见底
10	盘	多	多	牛市盘整中多	3	8	10	盘	突破	上	见顶	上	见顶
11	盘	多	盘	牛市盘整中多短盘	3	7	0	盘	突破	上	见顶	盘	突破
12	盘	多	空	牛市盘整中多短空	3	6	0	盘	突破	上	见顶	下	见底
13	盘	盘	多	牛市盘整短多	2	0	9	盘	突破	盘	突破	上	见顶
14	盘	盘	盘	牛市盘整	2	0	0	盘	突破	盘	突破	盘	突破

（续表）

序列号	均线分类			图形名称	仓位控制（成数）			后市预测与关注点					
	长线	中线	短线		长线	中线	短线	长线		中线		短线	
15	盘	盘	空	牛市盘整短空	2	0	0	盘	突破	盘	突破	下	见底
16	盘	空	多	牛市盘整中空短多	1	0	8	盘	突破	下	见底	上	见顶
17	盘	空	盘	牛市盘整中空短盘	1	0	0	盘	突破	下	见底	盘	突破
18	盘	空	空	牛市盘整中空	1	0	0	盘	突破	下	见底	下	见底
19	空	多	多	牛市长空中多	0	6	10	下	见底	上	见顶	上	见顶
20	空	多	盘	牛市长空中多短盘	0	5	0	下	见底	上	见顶	盘	突破
21	空	多	空	牛市长空中多短空	0	4	0	下	见底	上	见顶	下	见底
22	空	盘	多	牛市长空中盘短多	0	0	9	下	见底	盘	突破	上	见顶
23	空	盘	盘	牛市长空中盘	0	0	0	下	见底	盘	突破	盘	突破
24	空	盘	空	牛市长空中盘短空	0	0	0	下	见底	盘	突破	下	见底
25	空	空	多	牛市长空短多	0	0	8	下	见底	下	见底	上	见顶
26	空	空	盘	牛市长空短盘	0	0	0	下	见底	下	见底	盘	突破
27	空	空	空	牛市长空	0	0	0	下	见底	下	见底	下	见底
28	多	多	多	盘市长多	9	10	10	上	见顶	上	见顶	上	见顶
29	多	多	盘	盘市长多短盘	9	9	0	上	见顶	上	见顶	盘	突破
30	多	多	空	盘市长多短空	9	8	0	上	见顶	上	见顶	下	见底
31	多	盘	多	盘市长多中盘短多	8	0	9	上	见顶	盘	突破	上	见顶
32	多	盘	盘	盘市长多中盘	8	0	0	上	见顶	盘	突破	盘	突破
33	多	盘	空	盘市长多中盘短空	8	0	0	上	见顶	盘	突破	下	见底
34	多	空	多	盘市长多中空短多	7	0	8	上	见顶	下	见底	上	见顶
35	多	空	盘	盘市长多中空短盘	7	0	0	上	见顶	下	见底	盘	突破
36	多	空	空	盘市长多中空	7	0	0	上	见顶	下	见底	下	见底
37	盘	多	多	盘市中多	0	8	10	盘	突破	上	见顶	上	见顶
38	盘	多	盘	盘市中多短盘	0	7	0	盘	突破	上	见顶	盘	突破

（续表）

序列号	均线分类			图形名称	仓位控制（成数）			后市预测与关注点					
	长线	中线	短线		长线	中线	短线	长线		中线		短线	
39	盘	多	空	盘市中多短空	0	6	0	盘	突破	上	见顶	下	见底
40	盘	盘	多	盘市短多	0	0	9	盘	突破	盘	突破	上	见顶
41	盘	盘	盘	全盘市	0	0	0	盘	突破	盘	突破	盘	突破
42	盘	盘	空	盘市短空	0	0	0	盘	突破	盘	突破	下	见底
43	盘	空	多	盘市中空短多	0	0	8	盘	突破	下	见底	上	见顶
44	盘	空	盘	盘市中空短盘	0	0	0	盘	突破	下	见底	盘	突破
45	盘	空	空	盘市中空	0	0	0	盘	突破	下	见底	下	见底
46	空	多	多	盘市长空中多	0	6	10	下	见底	上	见顶	上	见顶
47	空	多	盘	盘市长空中多短盘	0	5	0	下	见底	上	见顶	盘	突破
48	空	多	空	盘市长空中多短空	0	4	0	下	见底	上	见顶	下	见底
49	空	盘	多	盘市长空中盘短多	0	0	9	下	见底	盘	突破	上	见顶
50	空	盘	盘	盘市长空中盘	0	0	0	下	见底	盘	突破	盘	突破
51	空	盘	空	盘市长空中盘短空	0	0	0	下	见底	盘	突破	下	见底
52	空	空	多	盘市长空短多	0	0	8	下	见底	下	见底	上	见顶
53	空	空	盘	盘市长空短盘	0	0	0	下	见底	下	见底	盘	突破
54	空	空	空	盘市长空	0	0	0	下	见底	下	见底	下	见底
55	多	多	多	熊市长多	8	10	10	上	见顶	上	见顶	上	见顶
56	多	多	盘	熊市长多短盘	8	9	0	上	见顶	上	见顶	盘	突破
57	多	多	空	熊市长多短空	8	8	0	上	见顶	上	见顶	下	见底
58	多	盘	多	熊市长多中盘短多	7	0	9	上	见顶	盘	突破	上	见顶
59	多	盘	盘	熊市长多中盘	7	0	0	上	见顶	盘	突破	盘	突破
60	多	盘	空	熊市长多中盘短空	7	0	0	上	见顶	盘	突破	下	见底
61	多	空	多	熊市长多中空短多	6	0	8	上	见顶	下	见底	上	见顶
62	多	空	盘	熊市长多中空短盘	6	0	0	上	见顶	下	见底	盘	突破

（续表）

序列号	均线分类			图形名称	仓位控制（成数）			后市预测与关注点					
	长线	中线	短线		长线	中线	短线	长线		中线		短线	
63	多	空	空	熊市长多中空	6	0	0	上	见顶	下	见底	下	见底
64	盘	多	多	熊市盘整中多	0	8	10	盘	突破	上	见顶	上	见顶
65	盘	多	盘	熊市盘整中多短盘	0	7	0	盘	突破	上	见顶	盘	突破
66	盘	多	空	熊市盘整中多短空	0	6	0	盘	突破	上	见顶	下	见底
67	盘	盘	多	熊市盘整短多	0	0	9	盘	突破	盘	突破	上	见顶
68	盘	盘	盘	熊市盘整	0	0	0	盘	突破	盘	突破	盘	突破
69	盘	盘	空	熊市盘整短空	0	0	0	盘	突破	盘	突破	下	见底
70	盘	空	多	熊市盘整中空短多	0	0	8	盘	突破	下	见底	上	见顶
71	盘	空	盘	熊市盘整中空短盘	0	0	0	盘	突破	下	见底	盘	突破
72	盘	空	空	熊市盘整中空	0	0	0	盘	突破	下	见底	下	见底
73	空	多	多	熊市中多	0	6	10	下	见底	上	见顶	上	见顶
74	空	多	盘	熊市中多短盘	0	5	0	下	见底	上	见顶	盘	突破
75	空	多	空	熊市中多短空	0	4	0	下	见底	上	见顶	下	见底
76	空	盘	多	熊市中盘短多	0	0	9	下	见底	盘	突破	上	见顶
77	空	盘	盘	熊市中盘	0	0	0	下	见底	盘	突破	盘	突破
78	空	盘	空	熊市中盘短空	0	0	0	下	见底	盘	突破	下	见底
79	空	空	多	熊市短多	0	0	8	下	见底	下	见底	上	见顶
80	空	空	盘	熊市短盘	0	0	0	下	见底	下	见底	盘	突破
81	空	空	空	全熊市	0	0	0	下	见底	下	见底	下	见底

股票均线买卖表中的，短线是 5、10、20 天均线，中线是 30、60、90 天均线，长线是 120、180、250 天均线。

仓位控制时，看空时要空仓，看不明白、觉得又可能涨又可能跌时也要空仓。当上涨把握非常大时应该满仓，上涨把握不那么大时部分持仓，把握大的时候多点，把握小的时候少点。表示一个数是另一个数十分之几的数，叫做成数。例如“八成”即是 8/10。

第七章　不能不掌握的看大盘方法

第一节　分析大盘行情的方法

炒股的艺术便是在牛市中全力投入，在牛市结束或接近结束的时候卖掉你的所有股票。分析大盘行情，最重要的是每天要追踪股票指数的运动。股市的运动不断循环，你要仔细研究过去的规律。拿份长期的综合指数走势图，研究过去发生的一切，随着时间的推移，你就能培养起对大盘的感觉。

留意每天收市的时候，有多少只升的股票，有多少只跌的股票。综合指数有时会被几只大股票迷惑。一只在综合指数中占有大份额的股票偶尔会影响方向。比如某一天有75%的股票升，25%的股票跌，但25%的跌股中可能有一只在综合指数中占大份额的股票，使得综合指数下跌。在这种情况下，综合指数不完全反映大盘的真实走向。

分类考虑股票。如金融股、能源股、房地产股等。虽然大盘的综合指数走升势，其中某些类别可能在走跌势。研究大盘走向时，应将类别综合考虑。有时，大盘的走势并不明显，金融股可能处在升势，能源股却走跌势。新股民应根据某一板块的运动形态来决定某一只股票的买卖。短线炒股要注意基金板块和游资的近日作为，谁做空、谁做多，以此判断场内热钱的性质和活动周期，寻求热点介入。

留意所谓的龙头股有什么表现。在股市到顶之前，你会发现股市的龙头股在大盘到顶之前的一段时期开始疲软。

留意小股票有什么表现。在股市到顶的前一段时间，一些平时没有人买卖的小股票开始变得活跃且向上升。龙头股的价格已贵到无法买入，社会游资便开始涌向小股票。

分析国家的经济大势怎么样，通货膨胀的情形如何，外汇兑换率的变动幅度，中国人民银行会调整利率吗。

留意亚洲或全球的政治环境和经济环境有什么变动。今天的企业越来越全球化，其他国家发生的政治经济危机将会影响我国的股市。东南亚发生的金融风暴便是一例。

判断大盘的走向是极其重要的。部分新股民用很多心思研究某只股票，错误地认为再好的市场也有股票跌，再坏的市场也有股票升，所以忽视大盘的走向。

要强调的是：炒股是概率游戏，逆潮流而动，你的获胜概率就几乎没有了。

第二节　分析大盘及个股即时走势图的方法

大盘和个股的即时分时走势图，在实战研判中的地位极其重要，是即时把握多空力量转化的直接根本。

一、大盘指数即时分时走势图

白色曲线：表示大盘加权指数，即证交所每日公布媒体常说的大盘实际指数。

黄色曲线：大盘不含加权的指标，即不考虑股票盘子的大小，而将所有股票对指数影响看作相同而计算出来的大盘指数。参考白黄二曲线的相互位置可知：当大盘指数上涨时，黄线在白线之上，表示流通盘较小的股票涨幅较大；反之，黄线在白线之下，说明盘小的股票涨幅落后大盘股。当大盘指数下跌时，黄线在白线之上，表示流通盘较小的股票跌幅小于盘大的股票；反之，盘小的股票跌幅大于盘大的股票。

红绿柱线：在红白两条曲线附近有红绿柱状线，是反映大盘即时所有股票的买盘与卖盘在数量上的比率。红柱线的增长缩短表示上涨买盘力量的强弱，绿柱线的增长缩短表示下跌卖盘力量的强弱。

黄色柱线：在红白曲线图下方，用来表示每一分钟的成交量，单位是手。

委买委卖手数：代表即时所有股票买入委托下三档和卖出上三档手数相加的总和。

委比数值：是委买委卖手数之差与之和的比值。当委比数值为正值的时候，表示买方力量较强，股指上涨的概率大；当委比数值为负值的时候，表示卖方的力量较强，股指下跌的概率大。

二、个股即时分时走势图

白色曲线：表示该种股票即时实时成交的价格。

黄色曲线：表示该种股票即时成交的平均价格，即当天成交总金额除以成交总股数。

黄色柱线：在黄白曲线图下方，用来表示每一分钟的成交量。

成交明细：在盘面的右下方为成交明细显示，显示动态每笔成交的价格和手数。外盘内盘：外盘又称主动性买盘，即成交价在卖出挂单价的累积成交量（成交价是卖出价时成交的手数总和）；内盘主动性卖盘，即成交价在买入挂单价的累积成交量（成交价是买入价时成交的手数总和称为内盘）。外盘反映买方的力量，内盘反映卖方的力量。当外盘累计数量比内盘累计数量大很多，而股价也在上涨时，表明很多人在抢盘买入股票。当内盘累计数量比外盘累计数量大很多，而股价下跌时，表示很多人在抛售股票。

买一、买二、买三为三种委托买入价格，其中买一为最高申买价格。

卖一、卖二、卖三为三种委托卖出价格，其中卖一为最低申卖价格。

委买手数：是指买一、买二、买三所有委托买入手数相加的总和。

委卖手数：是指卖一、卖二、卖三所有委托卖出手数相加的总和。

量比：当日总成交手数与近期平均成交手数的比值。如果量比数值大于1，表示这个时刻的成交总手量已经放大；若量比数值小于1，表示这个时刻成交总手萎缩。

现手：已经成交的最新一笔买卖的手数。在盘面的右下方为即时的每笔成交明细，红色向上的箭头表示以卖出价成交的每笔手数，绿色箭头表示以买入价成交的每笔手数。

三、看大盘看要点

各证券公司一般都有大盘显示，详细地列出了沪深两地所有股票的各种实时信息。

新股民要掌握市场的动向，首先就应该学会看大盘。在开盘时，要看集合竞价的股价和成交额，看和昨天的收盘价相比价格是高了还是低了。它显示出市场的意愿，期待今天的股价是上涨还是下跌，成交量的大小则表示参与买卖的人的多少，它往往对一天之内成交的活跃程度有很大的影响。

然后在半小时内看股价的变动。一般而言，如果股价开得太高，在半小时内就可能会回落，如果股价开得太低，在半小时内就可能会上升。这时要看成交量的大小，如果高开又不回落，而且成交量放大，那么这只股票就有可能要上涨。

我们看股价时，不仅看现在的价格，而且要看昨天的收盘价、当天的开盘价、当前最高价和最低价、涨跌的幅度等，这样才能看出现在的价格是处在一个什么位置，是否有买进的价值。看它是在上升之中还是在下降之中。一般而言，下降之中的股票不要急于买，而要等它止跌以后再买。上升之中的股票可以买，但要小心不要被它套住。一天之内股票往往会有几次起起伏伏的波动。看你所要买的股票是否和大盘的走向一致，如果是的话，那么最好的办法就是盯住大盘，在股价上升到顶点时卖出，在股价下降到底时买入。这样做，虽然不能保证你买卖完全正确，但至少可以卖到一个相对的高价和买到一个相对的低价。通过买卖手数多少的对比，可以看出是买方的力量大还是卖方的力量大。如果卖方的力量远远大于买方则最好不要买。涨跌有两种表示方法。有的证券公司里大盘显示的是绝对数，即涨或跌了几角几分，一目了然。也有的证券公司里大盘上显示的是相对数，即涨或跌了百分之几。涨跌的实际数目要通过换算。

四、当日涨幅排名表的分析

在该表中有多只股票同属一个板块，说明该板块已成为短线热点，新股民应该注意其中成交量能较大的个股、涨幅不大的个股以及次新品种。

没有明显基本面原因而经常出现在该排行榜上的个股属于长庄股，可以中长线反复注意跟踪，配合其他指标注意其买卖时机。

因基本面情况出现在该排行榜的个股需要分析其题材的有效期。

前期经常放量的个股，一旦再度价量配合出现在该榜，有短线套利价值。

在交易日偏早时间进入该榜并表现稳定的个股有持续潜力，在交易日偏晚时间进入该榜的个股持续潜力一般。

长时间不活跃的低价股第一次进入该榜，说明该股有新庄介入的可能。

在K线连续上涨到高位后，进入到涨幅榜，应小心庄家随时可能出货。

第三节 盯盘下单的基本方法

炒股，本来是为了赚钱，赚钱本来是为了快乐，整天盯盘的人，却实在难以享受赚钱的快乐。在我看来，看盘是为了寻找时机，发现时机，从而把握时机。但要做的是不要离市场太近，那样容易被表象迷惑！看盘是为了感觉风险，发现风险，从而回避风险！炒股不需要到处打听消息，只要看懂了盘面，就能轻轻松松逃顶和抄底。盘面反映一切！

在上午开盘时，成交量急速放大，且形态较好的个股，可买进。不放量不买！

涨幅榜靠前的同类强势个股，可择机买进。

今日继续强势的昨日强势股，可逢低买入。

低开后平稳上涨且有大手笔成交股，可随机买进。高开低走且有大手笔成交的个股，必须即时卖出。

尾盘进入60分钟涨幅排名榜（前20名）的个股，可今天买明天卖。尾盘进入60分钟跌幅榜的个股，必须先卖掉。

盘中涨幅不大而突然放量上涨的个股，可及时买进。

对于那些首次进入成交量排行榜，股价又涨的股票要有买进的考虑；对于那些首次进入成交量排行榜，股价又跌的股票应有卖出的考虑。

上午不论何种原因停盘的股票，复盘后只要不涨停立即卖掉（无论好坏消息）。

炒股大忌逢高不出货、套牢不斩仓、热点转移不换手、才解套来又被套。

在上午临收盘时，成交稀少且弱于大盘走势的个股，应逢高了结。

昨日上涨靠前，而今日弱势调整的个股，说明是弱庄，应走为上。

在强势时，可在周一重仓，而在周五轻仓，并养成一种习惯。但在敏感区域必须空仓。周初进周末结！在弱势时，可在周中小仓，而在周末平仓，最好不要全仓。在平势时，可在周一小仓，而在周中平仓，最好不要全仓。

股市容易在每天下午 2：30 后，开始出现大波动，买卖须在此时观察清楚后再做决定！

应对股市的突然变化，唯一的方法就是快速斩仓。

当第一个跌停板出现以后，要留心，特别是同一板块的股票应做先行出脱的考虑。当个股即将触及跌停板前，应先出来，不可有反弹回升的幻想。

高开高走不涨停，先出手。

在相对高位区、“事故多发地带”，应采取“一看二慢三通过”和“宁等三分不抢一秒”及“卖要坚决、买要谨慎、割肉要狠、止损要快”的方法。

多空双方都重视开盘后的第一个 10 分钟，是因为此时参与交易的人数不多，盘中买卖量都不是很大，因此双方都想“花钱少，收获大”。第二个 10 分钟则是多空双方进入休整阶段的时间，一般会对原有趋势进行修正，如空方逼得太猛，多头会组织反击，抄底盘会大举介入；如多方攻得太猛，空头也会予以反击，获利盘会积极回吐。这段时间是买入或卖出的一个转折时机。

中午收市前的走向也是多空双方必争的。因为中午停市这段时间，有时间检讨前市，研判后市走向，做出自己的决定，所以庄家常利用收市前的机会做出有利于自己的走势来，引诱中小散户上当。

尾盘在时间上是最后 15 分钟，实际上从最后 45 分钟多空双方就已开始较量了。若从最后 45 分钟到最后 35 分钟这段时间上涨，则最后的走势一般会以上涨而告终。因为此时参与交易的人数最多，当涨势明确时，会有层出不穷的买盘涌进推高指数。反之，若最后 45 分钟到最后 35 分钟这段时间下跌，则尾市一般难以走好。当发现当天尾盘将走淡时，应积极沽售，以回避第二天低开；当发现尾盘向好时，则可适量持仓以迎接第二天高开。

作为中长线者，每天盯盘 1 个小时就行，半小时更好。在盯盘上时间花得越少，就越超脱，越能够保持清醒的头脑。这样可以拿出更多的时间进行盘后分析和基本面研究。

看“关注股”的资料，在“分时图”和“日线图”中，按 F10，资料就显示出来了。要仔细看，并记住、背下主要的：什么行业，业绩（每股收益）和净资产是多少，流通盘，第一大股东是谁。

如果在个股被炒高之后，盘中常见巨大抛单，卖盘一、二、三档总有成百、上千手压单，而买盘不济，此时便要注意风险了，一般此时退出为好。

观察买盘和卖盘是实时盯盘的关键。从上压板、下托板看庄家意图。大量的卖盘挂单俗称上压板，大量的买盘挂单俗称下托板。无论上压下托，其目的都是为了操纵股价，诱人跟风。当股价处于刚启动不久的中低价区时，主动性买盘较多，盘中出现了下托板，往往预示着庄家做多意图，可考虑介入跟风追势；若出现了下压板而股价却不跌反涨，则庄家压盘吸货的可能性偏大，往往是大幅涨升的先兆。当股价升幅已大且处于高价区时，盘中出现了下托板，但走势却是价滞量增，此时要留心庄家诱多出货；若此时上压板较多，且上涨无量时，则往往预示顶部即将出现，股价将要下跌。

第二部分　第一次买基金就赚钱

为了让更多新基民、新股民能够安全无忧买基金，有效理财，增加财富，第二部分帮助你解决基金投资中的各种困惑，顺利找到自己心目中的“聚宝盆”。第二部分系统介绍了买卖基金的知识以及基金的运作规律，着重体现了基金的具体运作过程，强调论述了基金的选择技巧，深入分析了基金操作中的实用技巧，提出了规避风险的措施和方法。具体内容包括：必须掌握的基金买卖流程，必须掌握的基金选购方法，必须掌握的基金转换与赎回方法，如何买卖开放式基金，如何买卖指数基金，如何买卖定期定额基金，如何买卖 LOF 基金，如何买卖货币市场基金，如何买卖封闭式基金，基金点评等。

第一章　必须掌握的基金买卖流程

第一节　新基民与基金管理人、基金托管人关系明确

通俗地讲，投资基金就是汇集大众资金，委托投资专家（如基金经理），由投资专家按其投资策略，进行投资，为大众谋利的一种投资工具。投资基金，是一种利益共享、风险共担的集合投资方式。而证券投资基金就是，通过向社会公开发行基金单位筹集资金，并将资金用于证券投资。基金单位的持有者对基金享有财产所有权、收益分配权、剩余财产处置权和其他相关权利，并承担相应义务。

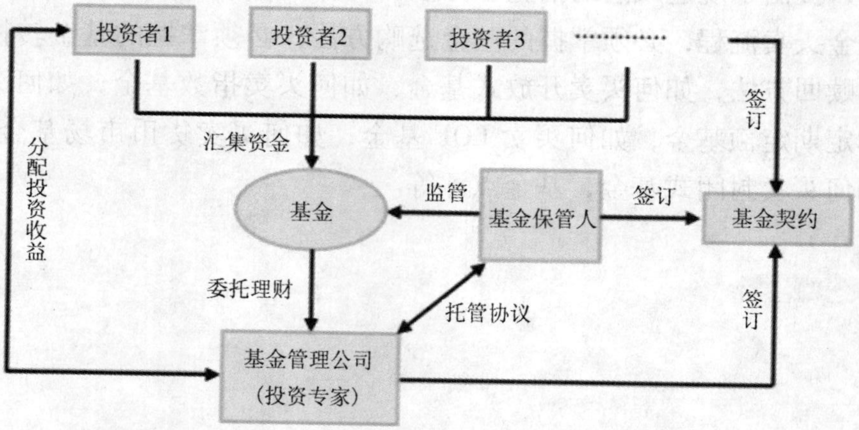

新基民与基金管理人、基金托管人的责权利关系明确。

一、投资者的资金汇集成基金

二、该基金委托投资专家进行投资运作

投资者、投资专家、基金托管人通过契约方式，确立投资者出资（并

享有收益、承担风险）、投资专家受托负责理财、基金托管人负责保管资金三者之间的信托关系。投资专家与基金托管人（主要是银行）通过托管协议确立双方的责任与权利。

三、基金管理人（如投资专家）经过专业理财，将收益分予投资者

在我国，基金管理人必须由专业的人来做，基金托管人必须由合格的商业银行担任。投资者享受证券投资基金的收益，也承担亏损的风险。

第二节　基金公司内部是怎么操作的

基金公司所募集的几十亿甚至上百亿的资金是怎么运作的？大多数新基民在买基金的时候并不十分关心这些。“我们只管买，怎么操作是他们基金公司的事。”一位新基民这么说。

那么，基金运作是不是单单只是基金公司的事呢？其实不然，基金公司的运作流程直接反映了基金的选股特点和收益特点，体现了一只基金对待风险的态度和风险防范能力。这直接关系到新基民的利益。

首先，基金公司设有一个投资决策委员会。这个投资决策委员会是基金运作的最高权力机构。它在基金运作时会制定整体投资战略。同时，基金公司设置一个叫做“研究发展部”的部门，根据一些机构的研究成果，构建股票备选库，对拟投资对象进行持续跟踪调研，并向基金经理提供个股、债券投资决策支持。

接着基金经理根据投资决策委员会的投资战略，在研究部门研究报告的支持下，结合对证券市场、上市公司、投资时机的分析，拟订所管理基金的具体投资计划，包括：资产配置、行业配置、重仓个股投资方案。

基金经理的运作空间还有多大呢？基金经理是一只基金的具体管理者，对基金投资行为负直接责任，他的权利的大小直接关系到基金的风险和收益状况。比如某基金除了遵行公司投资理念，在投资决策委员会和公司主管领导的授权范围内进行投资决策外，基金经理还会根据基金契约规定向研究发展部提出研究需求。公司研究发展部根据基金契约和相关规定，确定500多只股票构成一级股票库，在此基础上，根据股票风险收益

特征，确定约200只股票构成二级股票库。对这些股票，研究人员将对其跟踪，对准备投资的个股，还须安排基金经理走访上市公司，进行进一步的调研，对股票基本面进行深入了解分析。基金经理构建投资组合后，在其授权范围内可自主决策，否则要上报部门负责人和投资决策委员会批准后，再向中央交易室交易员下达交易指令。

投资者汇集起来的几十亿上百亿资金就这样通过中央交易室流向股市或者债市。新基金一般有3个月的建仓期，基金建仓完毕，标志着基金在一定时间内保持相对稳定的资产配置。

建仓完毕后，基金公司内部是不是就没事了，是不是就等着看着股市、债市的上涨呢？不是的，没那么简单，他们还有许多工作要做。金融工程研究人员将定期对基金进行绩效评估，并向投资决策委员会、投资部负责人提交综合评估意见和改进方案。中央交易室会将有关信息反馈给基金经理。

还有另外一个相对独立的部门叫“风险控制委员会”。这是一个必不可少的部门。它的工作是对识别、防范、控制基金运作各个环节的风险全面负责，尤其重点关注基金投资组合的风险状况，而金融工程小组重点控制基金投资组合的市场风险和流动性风险。

一只基金被关注不仅因为它的收益状况，还因为它抗风险的能力，这些都将会在基金运作过程中显现出来。

第三节　买卖基金的程序和步骤

新基民买卖基金应遵循哪些程序和步骤？

一、开立基金账户

进行基金投资，你需要首先开立基金交易账户。基金账户是基金管理公司识别投资者的标志，是注册登记中心为投资者开立的、用于记载投资者的基金所有权及其变更信息的账户。

投资者在参与开放式基金认购、申购、赎回等业务之前必须到基金管理公司的销售机构，即在各地的直销网点或代销网点申请开立基金账户。

对某一基金管理公司而言，每个投资者只能申请开立一个基金账户。

基金账户由注册登记人集中确认发放。销售机构 T 日受理投资者开立基金账户的申请，注册登记中心 T+1 日（第二日）提供投资者的基金账户号，投资者可于 T+2 日（第三日）在销售机构查询基金账户开户是否成功。

投资者开立基金账户的同时可以获得销售机构发放的交易账号卡。在基金账户开立当日，投资者可提交认购申购申请，认购申购的确认有效要以基金账户开立成功为前提。

各销售机构在受理投资者开立基金账户的申请时会要求投资者向销售机构提交开户申请表和如下资料：

（一）个人投资者

1. 本人有效身份证件（身份证、军官证、士兵证、护照等）的原件及复印件；

2. 预留印鉴卡；

3. 填妥的业务申请表；

4. 指定银行账户的证明文件及复印件；

5. 代办人有效身份证件原件及复印件和本人的授权委托书（如非本人亲自办理）。

投资者开立基金账户的同时可以获得销售机构发放的交易账号卡。在基金账户开立当日，投资者可提交认购申购申请，认购申购的确认有效要以基金账户开立成功为前提。

（二）机构投资者

1. 加盖单位公章的企业法人营业执照复印件及有效的副本原件，事业法人、社会团体或其他组织提供民政部门或主管部门颁发的注册登记证书原件及加盖单位公章的复印件；

2. 法定代表人授权委托书；

3. 法定代表人身份证复印件；

4. 业务经办人身份证件原件及复印件；

5. 预留印鉴卡；

6. 填妥的业务申请表；

7. 指定银行账户的证明文件及复印件。

投资者开立基金账户的同时可以获得销售机构发放的交易账号卡。在基金账户开立当日，投资者可提交认购申购申请，认购申购的确认有效要以基金账户开立成功为前提。

（三）开户注意的要点

1. 在营业部开立沪深股票账户后，买卖封闭式基金不需要再开账户，申购开放式基金的话，必须开设相对应基金管理公司的基金账户，以后申购同基金管理公司旗下基金，就无需再开户了。

2. 一家基金管理公司的账户只需要开一次，以后就不需要再开了，并非一只基金对应一个账户，而是一个账户对应一个基金管理公司，该账户可以申购该基金管理公司旗下任何基金。申购其他基金管理公司基金，必须开设新基金账户。

3. 在证券营业部开设资金账户，如果资金账户的资金多于购买基金的资金，剩余的资金随时可以取回。现在多数券商采用的是银证转账，如果你赎回基金时，不提供银行账户来办理银证转账，则你的赎回资金应该在该证券公司资金账户上。资金账户与银行账户并不是同一个账户，资金账户是你在证券公司的专有账户，银行账户则是银行存款账户。

4. 在证券营业部开设了某家基金公司基金账户后，也可以到另一家证券营业部申购基金，因为对应的基金管理公司账户就是这一个。

二、购买基金

投资者在开放式基金募集期间、基金尚未成立时购买基金单位的过程称为认购。通常认购价为基金单位面值加上一定的销售费用。投资者认购基金应在基金销售点填写认购申请书，交付认购款项，在注册登记机构办理有关手续并确认认购。

在基金成立之后，投资者通过销售机构向基金管理公司申请购买基金单位的过程称为申购。

投资者申购基金时通常应填写申购申请书，交付申购款项。款额一经交付，申购申请即为有效。具体申购程序会在有关基金销售文件中详细说明。申购基金单位的数量是以申购日的基金单位资产净值为基础计算的。具体计算方法须符合监管部门有关规定的要求，并在基金销售文件中写明。

选好中意的基金产品后，你有申购基金的 5 条通道。

基金公司理财中心：在此处你可以买到该基金公司的所有已发行或正

在募集的基金。

银行：目前几乎所有银行都代销基金产品，但不同的银行代销的产品不一样，一家银行并不会销售所有基金产品。

证券营业部：可选择的产品很多。还有一个好处：虽然证监会规定基金销售不能打折，但券商采取了变通的方法，从自己的佣金中拿出钱返还给基民。

网上：绝大部分基金公司支持网上申购，证监会规定的网上申购费率为0.6%，这是一般正常申购费率的4折到6折。

证券账户：通过证券账户可以买的基金数量有限，这主要包括封闭式基金、ETF基金、LOF基金以及上交所进入上证基金通平台的基金。这个对有沪深A股账户的投资者较为方便。

三、卖出基金

与购买基金相反，投资者卖出基金是把手中持有的基金单位按一定价格卖给基金管理人并收回现金，这一过程称为赎回。其赎回金额是以当日的单位基金资产净值为基础计算的。

新基民赎回基金通常应在基金销售点填写赎回申请书。按照有关规定，基金管理人应当于收到基民赎回申请之日起3个工作日内，对该交易的有效性进行确认，并应当自接受基民有效赎回申请之日起7个工作日内，支付赎回款项。

此外，对于开放式基金来说，新基民除了可以买卖基金单位外，还可以申请基金转换、非交易过户、红利再投资。

四、申请基金转换

基金转换，是指当一家基金管理公司同时管理多只开放式基金时，新基民可以将持有的一只基金转换为另一只基金。也就是说，新基民卖出一只基金的同时，买入该基金管理公司管理的另一只基金。基金转换费用通常非常低，甚至不收。

五、非交易过户

基金的非交易过户是指在继承、赠与、破产支付等非交易原因情况下发生的基金单位所有权转移的行为。非交易过户也须到基金的销售机构办理。

六、红利再投资

红利再投资是指基金进行现金分红时，将分红所得的现金直接用于购买该基金，将分红转为持有基金单位。对基金管理人来说，红利再投资没有发生现金流出，因此，红利再投资通常是不收申购费用的。

第四节　降低基金投资成本的方法

随着基金投资的日益火暴，选择购买基金的家庭越来越多，然而，与股票相比，购买基金的手续费要高得多。大多数情况下，投资基金不管是赚钱还是赔钱，都要承担基金管理费和其他运作费用，还要承担申购费、赎回费，投资成本比较大，有没有一些方法能够省些钱呢？新基民应掌握省钱的八种方法：

一、选择后端付费

有些基金的赎回费用随着持有年限而递减，大多数基金购买时都有两种方式：前端付费和后端付费。前端付费是购买时就支付申购费，而后端付费是卖出时才付申购费。而省钱的秘诀在于，后端收费指的是你在购买开放式基金时并不支付申购费，等到卖出时才支付的付费方式。后端收费的设计目的是为了鼓励新基民能够长期持有基金，因此，后端收费的费率一般会随着持有基金时间的增长而递减。持有年限越长，申购费率越低，直至免除全部申购费用。

二、选择网上交易

目前，“网上电子交易”越来越受到青睐，从各大基金公司以及代销机构的营销策略来看，通过互联网来认购、申购基金，往往会获得比较优惠的认购、申购费用。新基民可以在办理网上银行后，通过基金公司的网上交易来购买基金，可以享受到最低四折的优惠。需要提醒的是，如果不通过基金公司的网上交易而是直接用网上银行购买基金的话，是享受不到这些优惠的。另外，不同基金公司选择的银行不同，市民在购买之前一定要先确认可在该基金公司进行交易的银行名单。

三、选择认购期购买

一般来讲，基金公司为了促进新基金的发行，在认购期内的认购费用要比申购费用便宜，所以对于你看好的基金公司或基金品种，建议在基金认购期内购买。

四、选择购买基金的方式

开放式基金可以在发行期内认购，也可以在发行后申购，只是申购的费用略高于发行认购时的费用。申购形式有多种，除了一次性申购之外，还有另外三种形式供选择。

（一）“金字塔申购法”。如果认为时机成熟，打算买某一基金，可以先用1/2的资金申购，如果买入后该基金不涨反跌，则不宜追加投资，而是等该基金净值出现上升时，再在某价位买进1/3的基金，如此在上涨中不断追加买入，直到某一价位“建仓”完毕。这就像一个“金字塔”，低价时买的多，高价时买的少，综合购买成本较低，盈利能力自然也就较强。

（二）“成本平均法”。即每隔相同的一段时间，以固定的资金投资于某一相同的基金。这样可以积少成多，让小钱积累成一笔不小的财富。这种投资方式操作起来也不复杂，只需要与销售基金的银行签订一份“定时定额扣款委托书”，约定每月的申购金额，银行就会定期自动扣款买基金。

（三）“价值平均法”，即在市价过低的时候，增加投资的数量；反之，在价格较高时，则减少投资，甚至可以出售一部分基金。

五、选择系列基金

系列基金，即一家基金管理公司旗下有若干个不同类型的子基金。投资系列基金主要有以下优势：一是收取的管理费用较低，二是可在系列基金下各个子基金间方便转换。

六、巧用“基金转换”

你可以通过基金转换，变相实现赎回费率优惠。因为基金公司规定旗下基金间转换费率一般低于持有不满一年的赎回费率。如购买了一家公司的股票基金，可以先转换为该基金公司旗下的货币基金，再赎回货币基金，这样资金变现的总费用大约是直接赎回的六折。

七、选择长期持有

基金的赎回费基本上是没有优惠的，但为了鼓励长期持有基金，基金公司大都实行赎回费随时间增加而递减的收费方式，也就是说持有基金时间越长，赎回时需付的赎回费就越低。挑选优质基金。拿闲钱投资，坚定持有，见好就收。

但是，切记不要频繁交易，在中长期投资中，高额的手续费往往会侵蚀掉很多投资收益。与其猜测大盘何时调整，不如好好挑选那些优秀基金公司中重仓股属于优质股票的基金。新基民最好用闲散资金来作投资。不需要天天看净值，阶段性关注即可，抱定中长线投资的理念。

八、利用震荡捕捉机遇

证券市场目前正处于历史的高位，任何的基本面变动，都有可能引起市场的震荡，从而使基金的净值在大盘的调整中受到冲击和影响。但这种影响毕竟是短期的，对于中长期的投资者来讲，是难得的低成本购买的机会。俗话说，千金难买牛回头。对于基金投资来讲，同样如此。一般应在股市或经济处于波动周期的底部时买进，在高峰时卖出。在经济增速下调落底时，可适当提高债券基金的投资比重，及时购买新基金。若经济增速开始上调，则应加重股票型基金比重，关注已面市的“老基金”。这是因为“老基金”已完成建仓，建仓成本会较低。

需要特别提醒的是，新基民在基金买卖过程中，要以选择好的基金公司和好的基金产品为首要考虑，以上方法只能起到辅助作用。

第五节　把握买卖基金的时机

股票投资讲究“选股”“择时”，但通常是鱼和熊掌不可兼得。基金投资无异于股票投资，但是在我国当前基金行业还处于初步发展阶段的时候，选择合适的基金要相对简单一些，相比之下，“择时”仿佛更重要一些，尤其是选择在何时应该买入和卖出更是一门大学问。

一、把握基金申购时机的原则

实际上基金投资倡导的是长期投资，从长期投资的角度来看，短期市场的震荡只不过是长期趋势线的很小变动而已，只要你选择的是安全稳定、信誉优良的基金公司的基金，投资的时间较长，比如3到5年，你一定会是获利者。实践研究显示，每次都在市场最高点买进与每次都在最低点买进，从长期看，两者的回报率相差不到10%。

因此，花精力去抓市场高低点是没有必要的，长期投资才是重点。但单笔投资如果能稍微判断一下进场的时机，至少可以少受短期套牢心理的煎熬。这可能也是大家在投资基金时为什么如此关注时机的根本原因。把握投资基金的时机只要掌握以下几个原则，就不会有什么偏差：

（一）根据经济发展周期判断买入时点

我们常说，股市是经济的晴雨表，如果股票市场是有效的，股市表现的好坏大致反映了经济发展的景气状况。经济发展具有周期性循环的特征，一个经济周期包括衰退、复苏、扩张、过热几个阶段。一般来说，在经济周期衰退至谷底到逐渐复苏再到有所扩展的阶段，投资股票型基金最为合适。当明确认为经济处于景气的谷底阶段时，应该提高债券基金、货币基金等低风险基金的比重，如果经济处于发展的复苏阶段，应加大股票型基金的投资比重。当经济发展速度逐渐下降的时候，要逐步获利了结，转换成稳健收益类的基金产品。综合内地目前的股票市场和经济发展的情况，预期未来几年都会有很好的发展，目前应该是投资股票型基金的大好时机。

（二）基金募集的热度

股市中的一个屡试不爽的真理是行情在情绪高涨中结束，在悲观中展开。当平时不买股票的人开始谈论股票获利的可能性，当买卖股票成为全民运动时，距离股市的高点就为时不远了。相反，当散户们纷纷退出市场时，市场可能就要开始反弹了。其实，判断市场的冷与热，从基金募集情形就可窥出一斑。经验显示，募集很好的基金通常业绩不佳，募集冷清的基金收益率反而比较高。这是因为基民总是勇于追涨杀跌，怯于逢低介入。

（三）要注意基金营销的优惠活动，节省交易费用

目前，基金公司在首发募集或者持续营销活动期间，为了吸引新基民，通常会举办一些购买优惠活动。尤其值得注意的是，在持续营销活动中，基金公司一般会选择业绩优良的基金，投资这些基金通常比较安全，加上还能享受费率优惠，何乐而不为？

（四）申购基金要摆脱基金净值的误区

投资基金的时候，人们通常觉得净值低的基金较容易上涨，净值高的基金不易获利，所以，基金在募集阶段、面值为 1 元时，投资者觉得很便宜，比较好卖。这完全是一种错觉，净值的高低与是否容易上涨没有直接的关系。基金与股票在这方面是完全不同的，股票在价格很高时很容易回调，因为股价的上涨依赖于公司盈利能力的增强，如果公司盈利能力跟不上股价的上涨速度，股价必然会下跌。而基金投资是很多只股票的集合，基金经理会随时根据个股股价的合理性、公司经营的竞争力、其所在行业的景气程度和市场变化来调整投资组合，随时可以选择更具潜力的股票替换原有的股票。因此，只要基金投资组合调整得当，净值可以无限上涨。相反，如果组合选择有问题，净值再低仍然存在继续下跌的可能。所以，选择基金不应看净值的高低，而是要根据市场的趋势来判断。

二、把握基金赎回时机的原则

只有卖出基金实现收益，才是衡量投资基金业绩的硬道理。卖出基金与卖出股票的道理相同，卖完之后也许还有更高的价格（净值），要想准确地算出卖出的最佳时机，不是一件容易的事情。但是，只要遵循几个常见的原则，可以找出相对接近最佳时机的时机，实现较好的收益。

（一）投资基金要卖在行情高涨之时，买在行情低迷之时

说易行难，在我们当前资本市场还不是一个有效市场的条件下，股票市场并不能很好地反映经济的景气循环周期，准确判断行情谈何容易。但是，我们也应该看到，随着近几年基金所崇尚和坚持的价值投资理念逐步被接受，加之国内资本市场的制度变革和国际化的影响，我国股票市场的有效性正逐步增强。人们在判断和考察股票市场的走势以及个股的选择的标准正逐步趋于统一，在相同或者相近指标基础之上所做出的判断具有很高的趋同性。一般情况下，经济景气循环的高低对股市会产生很大的影

响。在宏观经济景气度很高的情况下，股票市场行情也随之高涨，因为市场总是公布最好的消息，上市公司业绩也会非常漂亮，股民的热情也随之高涨，成交量频创新高，这个时候就是卖出股票或者基金的最佳时点。相反，当经济景气循环落入低谷，宏观经济指标低落，上市公司业绩不理想，基民信心低落，股票市场行情也随之跌落。但是，这个时候正是买入基金的最佳时点。这些年来，其实大多数的投资者没有赚到钱，有些甚至亏损，因为他们通常在行情低迷时由于承受不了压力，卖出手中的股票或基金，而在行情高涨时又头脑发热，凭着高涨的热情，跟着大家一起买入股票或基金。所以，聪明的投资者一定要吸取教训。

（二）考虑基金的费率规定，选择合适的赎回时机

基金管理人在募集基金时，为了吸引更多的投资者，鼓励投资者更长期地持有所投资的基金，针对不同的基金持有时间设立不同的赎回费率。比如，有些基金在持有满半年或一年后，赎回费率减半或者全免等。所以在选择赎回时，要问清楚相关的赎回费率的规定。

（三）基金业绩明显不佳之时，要勇于换其他基金

基金投资操作不同于一般的股票投资，它更加倾向于长期性的投资，投资者可以容忍短期的绩效不佳，比如连续的3个月或是半年，但是如果等到一年以后基金的业绩仍然没有起色，就要毫不犹豫地“割肉”卖掉，转换为历史业绩优秀、表现比较稳定的其他基金。尽管我们说，基金的历史业绩并不代表未来，但是一般来说，基金业绩稳定性还是值得期待的。

（四）发现基金管理人的操作有问题之时，应该毫不犹豫地赎回

众所周知，基金管理人和基民之间由于各自追求不同的利益，将不可避免地会导致基金管理人的“道德风险”问题。投资者如果发现自己投资的基金被管理人用作利益输送的工具，换句话说，管理人为了给特定人谋取利益，牺牲投资人的权益，应该立即卖掉该基金，不必再寄予任何的期待。

第六节　怎样在网上进行基金交易

一、在基金公司的网站上交易

你首先需要到基金公司的网站上开户，输入账户交易模式、转账账户

号、账户密码等信息，还需要设立你在基金公司网站上的交易密码，确保交易的安全性。所有设置完成以后，就可以登录进行基金买卖了。

基金公司的网上交易平台实行买基金 T+0，卖基金 T+5 的交易时间模式。若在每天的工作时间内（9 时至 15 时）提交交易单，则基金公司在此交易日的工作时间后确认交易，而你可以在第二天早上查询到你的交易信息，如你的资金购买的基金份数、当日基金的盈亏等等。若是在工作时间后（15 时至第二日 9 时）提交交易单，基金公司会在第二日的工作时间后处理交易单，然后你可以在第三日早上查询到你的交易信息。另外需要注意的是，每周五 15 时之后至第二周周一 15 时之前的交易单会在第二周周一的工作时间后处理。在工作时间内，基金公司并没有处理你当天的提单，所以你在 15 时之前可以选择撤单，但下单时资金已转入基金公司账户，所以在撤单之前你已经支付了转账费。

一般来讲，撤单后资金到账需要 2 天，而赎回基金后资金到账则需要 5 到 7 天。所以要看准行情准确把握住转瞬即逝的行情，尤其是对股票型基金来说，就要选择好网上下单的时间。

二、在银行的网站上交易

网上银行会有基金超市，种类会比较多，挑选起来比较方便。其实质和银行柜台代销一样，但在网上银行进行基金交易不享受基金公司直销的优惠费率。

你可以直接登录网上银行，选择其基金超市中的各种基金产品进行申购。其实，网上银行对基金买卖的处理也要转送到基金公司的交易平台进行处理，所以其本质与基金公司的网上交易平台类似。在选择这两种平台之前请先向基金公司咨询好各种优惠政策，以免错过电子交易给你带来的利益。

第七节　炒基金必知的常用语

开放式基金

开放式基金是指基金设立后，投资者可以随时申购或赎回基金单位，基金规模不固定的投资基金。

封闭式基金

封闭式基金是指基金规模在发行前已确定，在发行完毕后的规定期限内，基金规模固定不变的投资基金。

收入型基金

收入型基金是指以能为投资者带来高水平的当期收入为目的的投资基金。

平衡型投资基金

平衡型投资基金是指以支付当期收入和追求资本的长期成长为目的的投资基金。

股票基金

股票基金是最主要的基金品种，以股票作为投资对象，包括优先股票和普通股票。股票基金的主要功能是将大众投资者的小额资金集中起来，投资于不同的股票组合。股票基金可以按照股票种类的不同分为优先股基金和普通股基金。

优先股基金是一种可以获得稳定收益、风险较小的股票基金，其投资对象以各公司发行的优先股为主，收益主要来自股利收入。而普通股基金以追求资本利得和长期资本增值为投资目标，风险要较优先股基金高。

债券基金

债券基金是一种以债券为投资对象的证券投资基金。它主要投资于固定收益产品的基金，属于风险小、收益小的品种，适合在市场下跌和利率上升时持有。投资债券基金时，要注意两个基本要素，即利率敏感程度与信用素质。债券价格的涨跌与利率的升降成反向关系。利率上升的时候，债券价格便下滑。债券基金的信用素质取决于其所投资债券的信用等级。投资者至少可以通过以下几个方面有所了解：基金招募说明书中对所投资债券信用等级的限制，基金投资组合报告中对持有债券信用等级的描述。

同时，投资者还需要了解其所投资的可转债以及股票的比例。基金持有比较多的可转债，可以提高收益能力，但也放大了风险。因为可转债的价格受正股联动影响，波动要大于普通债券。尤其是集中持有大量转债的基金，其回报率受股市和可转债市场的影响可能远大于债市。

货币市场基金

货币市场基金是指以国库券、大额银行可转让存单、商业票据、公司债券等货币市场短期有价证券为投资对象的投资基金。

期货基金

期货基金是指以各类期货品种为主要投资对象的投资基金。

期权基金

期权基金是指以能分配股利的股票期权为投资对象的投资基金。

指数基金

指数基金是指以某种证券市场的价格指数为投资对象的投资基金。

认股权证基金

认股权证基金是指以认股权证为投资对象的投资基金。

主动型基金与被动型基金

主动型基金是一类力图超越基准组合表现的基金。被动型基金则不主动寻求取得超越市场的表现，而是试图复制指数的表现，并且一般选取特定的指数作为跟踪的对象，因此通常又被称为指数型基金。相比较而言，主动型基金比被动型基金的风险更大，但取得的收益也可能更大。

系列基金

系列基金又被称为伞型基金，是指多个基金共用一个基金合同，子基金独立运作，子基金之间可以进行相互转换的一种基金结构形式。我国目前共有 9 只系列基金（包括 24 只子基金）。

保本基金

保本基金是指通过采取投资组合保险技术，保证投资者的投资目标是在锁定下跌风险的同时力争有机会获得潜在的高回报。目前我国已有多只保本基金。

ETF 基金

交易型开放式指数基金，通常又被称为交易所交易基金（Exchange Traded Funds，简称“ETF”），是一种在交易所上市交易的、基金份额可变的开放式基金。

LOF 基金

上市开放式基金（Listed Openended Funds，简称“LOF”）是一种既可以在场外市场进行基金份额申购赎回，又可以在交易所（场内市场）进行基金份额交易、申购或赎回的开放式基金，它是我国对证券投资基金的一种本土化创新。

混合基金

混合型基金是指投资于股票、债券以及货币市场工具的基金，且不符合股票型基金和债券型基金的分类标准。根据股票、债券投资比例以及投资策略的不同，混合型基金又可以分为偏股性基金、偏债型基金、配置型基金等多种类型。

混合型基金的风险和收益介于股票基金和债券基金之间，股票投资的比例小于股票基金，因此在股票市场牛市来临时，其业绩表现可能不如股票基金。

对冲基金

对冲基金的英文名称为 Hedge Fund，意为“风险对冲过的基金”，起源于 20 世纪 50 年代初的美国。其操作的宗旨，在于利用期货、期权等金融衍生产品以及对相关联的不同股票进行实买空卖、风险对冲的操作技巧，在一定程度上可规避和化解投资风险。

在最基本的对冲操作中，基金管理者在购入一种股票后，同时购入这种股票的一定价位和时效的看跌期权（Put Option）。看跌期权的效用在于当股票价位跌破期权限定的价格时，卖方期权的持有者可将手中持有的股票以期权限定的价格卖出，从而使股票跌价的风险得到对冲。在另一类对冲操作中，基金管理人首先选定某类行情看涨的行业，买进该行业几只优质股，同时以一定比率卖出该行业中几只劣质股。如此组合的结果是，如该行业预期表现良好，优质股涨幅必超过其他同行业的股票，买入优质股的收益将大于卖空劣质股的损失；如果预期错误，此行业股票不涨反跌，那么较差公司的股票跌幅必大于优质股，则卖空盘口所获利润必高于买入优质股下跌造成的损失。正因为如此的操作手段，早期的对冲基金可以说是一种基于避险保值的保守投资策略的基金管理形式。

总的来说，对冲基金具有这样一些基本特性：投资目标比较空泛，对象除传统的证券外，还包括期货、期权以及各种各样的金融衍生产品和工具；较多运用金融衍生产品和工具以及抛空等手段来进行买卖；重视基金经理的能力。

基金中的基金

基金中的基金是以其他基金为投资对象的一种特殊类型的基金。其目的是使投资风险进一步降低。该基金分为两种：一是只投资于自身基金公司新设立的基金，二是投资于市场上具有较好业绩的基金。

这是以基金为投资对象的基金。一般的基金以股票、债券等投资工具为投资对象，而“基金的基金”投资对象是一般的基金，其适宜那些初涉证券市场、投资经验较少的投资者，或者是工作繁忙而没有时间管理投资组合的投资者。

特点：与其他投资相比，这种基金以其他基金作为投资对象，实行的是双重的专家管理，有利于分散风险。

优势：（1）简单性。以基金为投资对象，简化了投资选择的过程，节省了投资者的时间和精力。（2）多样性。因为投资对象是基金，因此投资人只需较少的资金就可以进行分散投资。（3）专业理财。基金的买卖和转换等一般由基金经理人来决定。

不足：（1）投资者对该基金的投资组合支配权要小于个人投资于其他基金，且没有能力改变这种分配方式。（2）税收管理受到限制。从某种程度上说，单只基金的持有者可以自主选择实现应课税收益和损失。但是，基金中的基金持有者却受到基金经理人交易策略的控制。例如：该类基金经理人要购买周转率较高的基金，就会增加资金成本和税收。

风险投资基金

创业资本市场上最大的资金供应者，每一只风险投资基金都有一批支持者提供资金。

基金的使用由一些合作经营者经营管理，经营者只有从利润中取得佣金。在美国，风险投资基金投资者还包括一些传统的金融机构、退休基金。

在一些风险投资较为发达的国家，风险投资基金主要有两种成立方式：

一种是私募的公司发起成立风险投资基金。通常由风险投资公司发起，出资1%左右，称为普通合伙人，其余的99%吸收企业或金融保险机构等机构投资人出资，称为有限合伙人，只承担有限责任。普通合伙人的责任、权利主要有如下规定：一是全权负责基金的使用、经营和管理；二是每年从基金经营收入中提取相当于基金总额2%左右的管理费；三是基金期限一般为15～20年，期满解散而收益倍增时，普通合伙人可以从收益中分得20%，其余出资者分得80%。

另一种是向社会投资人公开募集并上市流通的风险投资基金，目的是吸收社会公众关注和支持高科技产业的风险投资，既满足他们高风险投资的渴望，又给予高收益的回报。这类基金，相当于产业投资基金，是封闭型的，上市时可以自由转让。

风险投资基金作为基金，同其他投资基金主要不同之处在于：一是其投资的对象为高风险的高科技创新企业，失败率较高，一般在60%～80%，而成功率只有5%～20%，因此，基金的规模要足够大，能同时投资于多个风险项目，从而通过其中的一个或几个项目的成功来弥补在其他风险项目上的损失并获取收益；二是基金通常采取与其他风险投资公司联合投资的方法，以分散风险；三是基金在决策上经常当机立断，敢于取舍。

风险投资公司对于风险项目的选择、决策和经营，是非常谨慎而严格的，任何一点失误，都可能给风险投资公司带来致命的打击。在国外，一个风险投资公司一年总共提出申请参与投资的风险项目，大约有1万个左右，经过选择同意作初步了解的大约有150项左右，只占1.5%。在初步了解基础上作深入会谈、研究的大约有20多个，真正同意参股、签约的不到10项，即不到全部申请项目的0.1%。合同执行中，发现投资效益和项目开发前景不理想而中止的基本上每年都有1～2项。剩下的项目都是一些优质项目，会给投资公司带来高收益。风险投资公司收回投资的方式主要有：一是找一家大的优势企业集团以合适的价格收购，从股票转让中收回投资；二是在专门的证券市场帮助公司上市，在企业的股票10倍、20倍升值时，则出售自己持有的股票，收回投资。

共同基金

共同基金，是指基金公司依法设立，以发行股份方式募集资金，投资者作为基金公司股东面目出现。它在结构上类似于一般股份公司，但本身不从事实际运作，而将资产委托给基金管理公司管理运作，同时委托其他金融机构代为保管基金资产。其设立的法律文件是基金公司章程及招募说明书。

简单地说，就是汇集许多小钱凑成大钱，交给专人或专业机构操作管理以获取利润的一种集资式的投资工具。

在国内，共同基金的正式名称为“证券投资信托基金”，是由投信公司依信托契约的形式发行受益凭证，主要的投资标的为股票、期货、债券、短期票券等有价证券。

在美国，通称为共同基金（Mutual Fund），除了证券投资外，也投资黄金（或其他贵重金属）、期货、选择权（Options）和房地产等。

另外，英国系统的基金（包括许多对全球各地发行的海外共同基金）则称为“单位信托基金”（Unit Trust），投资标的也相当多样化。

共同基金的优点：（1）分散投资风险。共同基金的资产较一般投资人来得庞大，故足以将资金分散于不同的股票甚至不同的投资工具中，以真正分散风险，而不致因一只错误的选股，而产生重大的亏损。（2）专业操作管理。共同基金公司聘有专业基金经理人及研究团队从事市场研究，对于国内外的总体、个体投资环境及个别公司状况都有深入了解。而且，只要花少许的基金管理费就可享受到专家的服务，可以说是小额投资人的最佳福音。（3）最佳节税渠道。国内基金：股票型基金买卖价差产生获利时，依现行法规得以免税；至于基金配息给投资人时，若此配息的来源是投资标的所产生的，则需纳入综合所得税，并可依储蓄投资特别扣除额规定，享有27万元的免税额。海外基金：我国税法目前采用属地主义，个人投资海外共同基金，无论是买卖价差所产生的资本利得或配息，皆不必纳入个人所得中报税，可以合法节税。（4）变现性相当灵活。当投资人不想投资时，可随时选择退出，赎回国内债券基金的款项，可于申请赎回之次一营业日收到，国内股票型基金及海外基金约一周可拿到款项。不像其他的投资工具，有卖不出去的风险。（5）小额资金即可投资全球。共同基金是将投资分散于不同之标的，甚至不同的金融市场（区域、国家）。投资者最低只要3000元（定时定额），就可分享到全球各地区经济成长的成果。与其他投资工具比较，投资下限小了许多。（6）安全性高。共同基金是采取保管与经营分开的原则。若基金公司或保管银行不幸倒闭时，债权人不得对基金资产请求扣押或行使其他权利，投资人的权益不会受到影响。

基金持有人

基金持有人，也就是基金投资者，指基金单位或受益凭证的持有人。可以是自然人，也可以是法人。

基金持有人是基金资产的最终所有人，其权利包括：本金受偿权、收益分配权及参与持有人大会表决的权利。

按照我国《证券投资基金管理暂行办法》的规定，基金持有人享有如下权利：

（1）出席或者委派代表出席基金持有人大会；（2）取得基金收益；（3）监督基金经营情况，获取基金业务及财务状况的资料；（4）申购、赎回或者转让基金单位；（5）取得基金清算后的剩余资产；（6）基金契约规定的其他权利。

基金持有人应当履行下列义务：（1）遵守基金契约；（2）交纳基金认购款项及规定的费用；（3）承担基金亏损或者终止的有限责任；（4）不从事任何有损基金及其他基金持有人利益的活动。

基金管理人

基金管理人，是指凭借专门的知识与经验，运用所管理基金的资产，根据法律、法规及基金章程或基金契约的规定，按照科学的投资组合原理进行投资决策，谋求所管理的基金资产不断增值，并使基金持有人获取尽可能多收益的机构。

基金管理人在不同国家（地区）有不同的名称，例如，在英国称投资管理公司，在美国称基金管理公司，在日本多称投资信托公司，在我国台湾称证券投资信托事业。但其职责都是基本一致的，即运用和管理基金资产。我国《证券投资基金管理暂行办法》规定，基金管理人的职责主要有：按照基金契约的规定运用基金资产投资并管理基金资产；及时、足额向基金持有人支付基金收益；保存基金的会计账册、记录15年以上；编制基金财务报告，及时公告，并向中国证监会报告；计算并公告基金资产净值及每一基金单位资产净值；基金契约规定的其他职责；开放式基金的管理人还应当按照国家有关规定和基金契约的规定，及时、准确地办理基金的申购与赎回。

基金管理人是基金资产的管理和运用者。基金收益的好坏取决于基金管理人管理运用基金资产的水平，因此必须对基金管理人的任职资格做出严格限定，才能保护投资者的利益，只有具备一定的条件的机构才能担任基金管理人。各个国家或地区对基金管理人的任职资格有不同的规定，一般而言，申请成为基金管理人的机构要依照本国或本地区的有关证券投资信托法规，经政府有关主管部门审核批准后，方可取得基金管理人的资格。审核内容包括：基金管理公司是否具有一定的资本实力及良好的信誉，是否具备经营、运作基金的硬件条件（如固定的场所和必要的设施等）、专门的人才及明确的基金管理计划等。

在日本，根据1951年颁布的《证券投资信托法》，信托公司必须是注册资金5000万日元以上的股份有限公司。发展初期，一般是由证券公司兼营基金管理业务，随着业务的发展，由于出现难以避免的利益冲突等问题，信托公司逐渐与证券公司脱离，成为具有独立法人资格的基金管理机构。

在我国，根据《证券投资基金管理暂行办法》的规定，设立基金管理公司，应当具备的条件是：主要发起人为按照国家有关规定设立的证券公司、信托投资公司；主要发起人经营状况良好，最近3年连续盈利；每个发起人实收资本不少于3亿元人民币；拟设立的基金管理公司的最低实收资本为1000万元人民币；有明确可行的基金管理计划；有合格的基金管理人才；中国证监会规定的其他条件。

申请设立基金管理公司一般应向证券管理部门提交有关文件，由证券管理部门审核，对符合条件的基金管理公司，由证券管理部门予以批准、注册后，基金管理公司才能开业。例如，在美国，基金管理公司受《投资顾问法》的约束。基金管理公司的审查批准机构是美国证券与交易委员会（SEC）。在日本，任何公司想成为基金管理公司（信托公司）都必须从大藏省获得许可证，基金管理公司（信托公司）只有获得大藏省颁发的许可证才能签订涉及证券投资基金的契约。

根据我国《证券投资基金管理暂行办法》及中国证监会《关于申请设立基金管理公司有关问题的通知》的规定，申请设立基金管理公司需要经过以下程序：

（1）申请设立基金管理公司应至少有两个符合条件的发起人发起。由主要发起人作为申请人向中国证监会提出申请。

（2）设立基金管理公司应经过筹建和开业两个阶段，基金管理公司的筹建和开业必须经过中国证监会批准。

（3）申请筹建基金管理公司，应由主要发起人作为申请人向中国证监会提交以下申请材料：申请报告，可行性报告，发起人情况，发起人协议，负责筹建工作的人员名单、简历，中国证监会要求提交的其他材料。

其中发起人协议主要包括：发起人的基本权利及义务、发起人认购基金单位的出资方式及首次认购和在存续期间持有基金单位的份额、发起人对主要发起人的授权等。

（4）经中国证监会批准筹建的基金管理公司的筹建期限为6个月。如遇特殊情况，经中国证监会批准可适当延长，但最长不得超过1年。在筹建期限内，不得开展基金管理和其他业务活动。

（5）基金管理公司筹建就绪，由申请人向中国证监会提出开业申请，并提交以下申请材料：筹建情况，验资证明，人员情况，内部机构设置及职能，管理制度，公司章程，营业场所及技术设施，基金管理计划与业务规则以及中国证监会要求提交的其他材料。其中公司章程应按照中国证监会颁发的《证券投资基金管理暂行办法》实施准则第四号《基金管理公司章程必备条款指引》制定。

（6）经批准设立的基金管理公司，应持中国证监会的批准文件到工商行政管理部门办理登记注册手续，并凭工商行政管理部门核发的营业执照和中国证监会的批准文件领取中国证监会颁发的基金管理公司法人许可证。

（7）经批准设立的基金管理公司，由中国证监会统一在指定的报纸上向社会公告，公告费用由被公告的基金管理公司支付。

基金托管人

在基金的运作中，有两个重要的机构，即基金管理人和基金托管人。为了保证基金资产的安全，基金应按照资产管理和保管分开的原则进行运作，并由专门的基金托管人保管基金资产。基金主要投资于证券市场，为保证基金资产的独立性和安全性，基金托管人应为基金开设独立的银行存款账户，并负责账户的管理，即基金银行账户款项收付及资金划拨等也由基金托管人负责，基金投资于证券后，有关证券交易的资金清算由基金托管人负责。基金管理人的主要职责是负责投资分析、决策，并向基金托管人发出买进或卖出证券及相关指令。因此，不管银行存款账户的款项收付，还是证券账户的资金和证券清算，基金托管人都是按照基金管理人的指令行事，而基金管理人的指令也必须通过基金托管人来执行。从某种程度上来说，基金托管人和基金管理人是一种既相互合作，又相互制衡、相互监督的关系。鉴于基金托管人的重要性，有人把基金托管人誉为“基金安全的守护神”。

一般来说，基金托管人主要有以下职责：①安全保管全部基金资产；②执行基金管理人的投资指令；③监督基金管理人的投资运作，如果发现基金管理人有违规行为，有权向证券主管机关报告，并督促基金管理人予以改正；④对基金管理人计算的基金资产净值和编制的财务报表进行复核。为了明确各自的职责，保证基金资产的安全，基金管理人和基金托管人应根据《证券投资基金管理暂行办法》及其实施准则、基金契约等有关规定，签订基金托管协议，就基金资产的保管、基金的管理和运作以及相互监督等事宜做出具体规定。在实际运作中，双方应诚实、勤勉、尽责，严格遵守基金托管协议的有关条款。

由于基金托管人在基金运作中扮演着非常重要的角色，在外国，对基金托管人的任职资格都有严格的规定，一般都要求由商业银行及信托投资公司等金融机构担任，并有严格的审批程序。在我国，根据《证券投资基金管理暂行办法》的规定，基金托管人必须经中国证监会和中国人民银行审查批准，并具备下列条件：①应为商业银行；②实收资本不少于 80 亿元人民币；③设有专门的基金托管部门；④有足够的熟悉托管业务的专职人员；⑤具备安全保管全部基金资产的条件；⑥具备安全、高效的清算、交割能力。在现阶段，符合上述条件的只有五家商业银行：中国工商银行、中国建设银行、中国银行、中国农业银行和交通银行。基金在运作过程中如要更换基金托管人，新任基金托管人应经中国证监会和中国人民银行审查批准。经批准后，原任基金托管人方可退任。如果基金托管人因故必须退任，而基金找不到新任基金托管人时，基金应当终止并予以清盘。

基金认购、申购与赎回

认购：新基金在发行期内买入称为认购，认购价为 1 元，但在发行期及封闭期内不能赎回；申购：基金封闭期过后进入开放期，此时买入称为申购，此时申购价是按基金净值来计算；赎回：投资者以申请当日的基金单位资产净值为基础，卖出所持有的基金份额叫做基金的赎回。

基金建仓与持仓

建仓：对于基金公司来说就是指一只新基金公告发行后，在认购结束的封闭期间，基金公司用该基金第一次购买股票或者投资债券等（具体的投资要看该基金的类型及定位来确定）。对于私人投资者，比如说我们自己，建仓就是指第一次买基金。持仓：指你手上持有的基金份额。

加仓与补仓

加仓：是指建仓时买入的基金净值涨了，继续加码申购。补仓：指原有的基金净值下跌，基金被套一定的数额，这时于低位追补买进该基金以摊平成本（被套，简单地说就是投资者以某净值买的基金跌到了该净值以下。比如 1.2 元买的跌到了 0.98 元，那就是说投资者在该基金上被套 0.22 元）。

满仓与半仓

满仓：就是把你所有的资金都买了基金，就像仓库满了一样。半仓：就是用一半的资金买入基金，账户上还留有一半的现金。如果是用 70% 的资金叫七成仓……可依此类推。如你有 2 万资金 1 万买了基金，就是半仓，称半仓操作。表示没有把资金全部投入，是降低风险的一个措施。

重仓与轻仓

重仓：重仓是指这只基金买某种股票，投入的资金占总资金的比例最大，这种股票就是这只基金的重仓股。同理如果你买了三只基金，有 70% 的资金都投资在其中一只上，那么这只基金就是你的重仓。轻仓：反之即轻仓。

空仓与平仓

空仓：就是把某只基金全部赎回，得到所有资金。或者某人把全部基金赎回，手中持有现金。平仓：平仓容易和空仓搞混，请注意区分。平仓即买入后卖出，或卖出后买入。具体地说比如今天赎回华夏大盘，等赎回资金到账后，又将赎回的资金申购上投成长先锋，相当于用调整自己的基金持有组合，但资金总额不变。如果是做多，则是申购基金平仓；如果是做空，则是赎回基金平仓。

封闭式基金的价格与开放式基金的价格

封闭式基金的价格和股票价格一样，可以分为发行价格和交易价格。封闭式基金的发行价格由两部分组成：一部分是基金的面值；另一部分是基金的发行费用，包括律师费、会计师费等。封闭式基金发行期满后一般都申请上市交易，因此，它的交易价格和股票价格的表现形式一样，可以分为开盘价、收盘价、最高价、最低价、成交价等。

开放式基金由于经常不断地按客户的要求购回或者卖出基金单位，因此，开放式基金的价格分为两种，即申购价格和赎回价格。开放式基金的申购价格包括资产净值和一定的附加费用。开放式基金的赎回价格对于不收取任何费用的开放式基金来说，它等于基金资产净值；对收取费用的来说，等于基金资产净值加按一定赎回费率计算的赎回费用。

净值

所谓基金净值，是当天基金资产的总市值扣除负债（包括基金公司的管理费等）后的余额，单位净值即每一基金单位代表的基金资产的净值。

而累计净值则是单位净值加上基金成立后累计单位分红的金额，如果某基金单位净值是1.6元，累积净值有1.89元，说明其成立以来每单位份额派息了0.29元。

我们交易时是以单位净值为准，但基金做得好不好，不能单看单位净值高不高。有的基金喜欢分红，这样单位净值可能远低于同类基金，这时候要看看其累计净值，高则说明业绩比较优良。

交易价格虽然交易时以单位净值为准，但是以交易当天还是前一天的净值为准，很多人并不清楚。

事实上，无论是申购还是赎回，价格都是依据当天收盘之后的基金单位净值为标准，所以我们在交易时，并不知道交易价格如何，这也就是所谓“未知价法”。这一点其实很有讲究，说明买基金完全没有必要在一早开盘的时候就冲进去，虽然你可能已做好了投基决策。但是如果有充裕时间，看看当天大盘走势，到下午收盘之前再决定交易行动，未尝不是更科学的做法，毕竟基金净值变化跟大盘走势还是非常正相关。同样的道理，如果要赎回，不妨选在确认大盘强势上扬的当天。

期末基金折合年净收益

在基金年报的财务指标中，有这样一个指标——“期末基金折合年净收益”，很多投资者并不理解这个指标。这是由于市场上基金如果成立于年度中期，各个基金的运作时间并不一致，为了比较的需要，便采用加权的办法将各个基金的运作时间统一于一个相同的时间（如一年）重新计算基金净值和净值增长率，使其具有可比性，是利用了比较分析的方法计算的。

比例配售

为了控制基金的规模，便于基金日后的操作，基金公司在募集基金时就限定发售的规模，但实际募集时超过了原定的数额，为了公平起见，基金公司只好按照原定的规模和募集的总金额的比例分配，发售给投资者，这就叫比例配售。

比例配售，与以往的基金发行方式最大的区别在于投资者在认购新基金时可以不用再排队。只要基金募集规模不超过规定的募集上限，所有的有效认购申请都可以全部予以确认。

如超过规模上限，会按比例对客户的认购申请进行确认，也就是说投资人认购的金额只能部分成交。

比例配售虽然有可能只成交部分金额，但只要在基金实际募集期间提出有效认购申请的投资人，都能成交一定比例，也体现出公平原则。

比如，某基金设定发行规模上限不超过100亿元。如果发生认购金额（不包括利息）超过上限100亿，将按比例对客户的认购申请进行确认（确认不分认购先后），确认比例为：

配售的比例 = 100亿元/募集期内有效认购申请总金额

投资者认购申请确认金额 = 募集期内提交的有效认购申请金额 × 配售的比例

如果发行基金的规模上限是100亿，而投资人最终的认购申请总额是200亿，则每个投资人确认成交的比例是50%，也就是买到了当初认购金额一半的基金。

基金拆分

基金拆分是在保持投资者资产总值不变的前提下，改变基金份额净值和基金总份额的对应关系，重新计算基金资产的一种方式。

假设某投资者持有10000份基金A，当前的基金份额净值为1.60元，则其对应的基金资产为 $1.60 \times 10000 = 16000$ 元。对该基金按1∶1.60的比例进行拆分操作后，基金净值变为1.00元，而投资者持有的基金份额由原来的10000份变为 $10000 \times 1.6 = 16000$ 份，其对应的基金资产仍为 $1.00 \times 16000 = 16000$ 元，资产规模不发生变化。

第二章　必须掌握的基金选购方法

第一节　阅读基金招募说明书的四个重点

在购买基金之前，一项必做的功课是阅读招募说明书，因为招募说明书是基金最重要、最基本的信息披露文件，有助于新基民充分了解基金。不过，招募书长达数万字，该如何阅读？我认为，有四大要素最值得关注。

一、了解基金经理

如果不是自己熟悉的公司，投资者可以从公司股权构成和高层经历的介绍中，初步了解该公司的实力和背景。最主要的是了解该基金的基金经理，说明书中会包括他的简介和投资经历，有助于我们进行基本的判断。

二、分析投资特点

基金公司会阐述自身的投资理念、投资策略以及资产配置策略。投资部分的叙述最能显示其基金的独创性和个性化。

三、了解投资策略

投资策略说明可以让投资者了解该基金的投资偏好。资产配置策略的内容则是告诉投资者资金的分配情况，按照规定，各种类型的基金都有投资比例的上下限，在基金招募说明书中，该基金会对自己的投资比例和上下限作出详细说明，投资者通过数字可以分析该产品的风险和收益前景，从而更加明确该产品是否适合自己，是否符合自己的风险承受力和收益预期。

四、计算费用成本

对于开放式基金来说，主要涉及认购、申购和赎回的费用。提前计算好费用和成本，可以帮助你更好地选择和判断未来的收益情况。

第二节　如何挑选出有价值的基金

市面上种类各异的基金已近300只，可谓“乱花渐欲迷人眼”。如何在这么多基金中挑选出有价值的基金，获得最大业绩回报，可谓每个新基民最为关心的话题。

将基金的选择方法归为三个步骤，你不妨参考一下。

一、先测风险承受能力

在购买基金前首先要了解自己的风险承受能力。比如，年轻人一般来说事业处于起步阶段，经济能力尚可，家庭负担较轻，收入大于支出，风险承受能力较高，就可以投资股票型基金。

中年人家庭生活和收入比较稳定，但由于中年人家庭责任比较重，风险承受能力处于中等，所以就应该坚持稳健原则，尝试多种基金组合。

老年人主要依靠养老金及前期投资收益生活，风险承受能力比较小。这一阶段的投资应以稳健、安全、保值为目的，通常比较适合平衡型基金或债券型基金。

从风险的角度看，股票基金风险最高，货币市场基金和保本基金风险最小，债券基金的风险居中。

相同品种的基金，由于投资风格和策略的不同，风险也会不同。比如在股票型基金中，指数型就比成长型的风险低。

一般而言，收益和风险通常是相关联的，风险大收益高，风险小收益少。所以，新基民在期望获取高收益时千万不要忘了首先权衡自己的风险承受能力。

二、选好基金的四要素

（一）看整体表现

单个基金业绩的涨跌有很多偶然因素，而只要其中一个因素发生重大变化，不可避免导致业绩起伏。但一家基金公司所有的基金如果表现出较强的协同性和一致性，就说明这家公司整体的投资研究水平较高，管理机制和决策流程相对更加完善，其业绩就具备可复制性。

（二）看长期表现

一个基金在3年或5年的时间内始终维持高收益、低风险，这才算得上是真正的好基金。

新基民还要学会看对基金的评级。权威机构对基金的评级也是新基民可以参考的重要指标，他们每年、每半年、每季度、每月甚至每周都有基金排名表，并对大部分基金进行了星级评定。在参看评级的时候要注意：星号较多的基金并不一定就是低风险基金，有可能是高报酬同时也是高风险的基金。因此建议新基民，除了观察星号多少之外，也要注意该基金的波动风险是否过大，是否适合自己承受风险的能力。

基金评级是以过去绩效作基础。基金评鉴机构的评级，由于采用的数据是基金过去的表现，因此只能反映基金过去的绩效，并不是未来获利的保证。

决定基金报酬率最大的成分还是在于市场行情。基金选股的差异虽然会造成不同的绩效表现，但大盘涨跌毕竟还是基金成败的关键。评级由于是同类型的基金在比较，如果遇到该类型基金投资的市场状况不佳，常常五颗星的基金也只是“亏得比较少”的基金。

基金星号是针对同类型基金的比较，不同类型的基金不能单纯用星号来比较孰优孰劣。比方说，一只三颗星的债券基金就不一定比一只四颗星的某地区基金差。

（三）看基金规模的大小

基金的规模与基金品种的特殊性有关。另外，基金公司对于市场的判断也会影响规模。如果对市场估计不对，基金发行规模大，和市场不匹配，就容易出现没有好的投资品种，资金容易出现闲置；而如果规模过小，则容易错过一些好的投资机会。

相信我们当中的许多人都坐过轮船，在波涛汹涌的大海上，体积小的轮船很容易遭受灭顶之灾，而体积庞大的轮船却能安然无恙。而在小河流上，大轮船可能寸步难移，而此时“轻舟已过万重山”了。也就是说，大船和小船有其各自的优势，船小正应了“船小好调头”的老话，轻便、灵活、转向容易，而大船往往给人一种稳固、安全和舒适的感觉。同理，在基金选择之中，基金规模的大小有其各自的优势。

一般说来，基金规模较大能提供适当的多样化，即可以通过分散投资来减少投资风险；并且由于交易金额往往较大，可以得到一些政策和交易费用上的优惠，分摊在每基金单位上的交易成本降低；同时，规模较大的基金“财大气粗”，有条件支付较多的经营管理费用，提供较好的经营管理水平。

那么，基金规模较小又具有哪些优势呢？规模较小的基金具有运作灵便、弹性大的特点，能迅速从一个投资品种转向另一个投资品种，建仓和出货都相对容易；另外由于基金投资办法规定基金所持某公司的股份不得超过该公司股份的10%，规模较小的基金便有可能买到升值潜力较大的小型公司股份，并持有重仓，有可能因此获得较大的收益。

看来，大有大的好处，小有小的优势。那么，作为新基民，又如何选择合适自己的基金规模呢？

为此，为大家提供一个简单的判定方法，规模较大的基金一般来说风险较小，而收益也往往偏低；而规模小的基金的风险较大，但收益有可能较高。那么，如果你是一个进取型的投资者，对于收益看得较重，而很少关注风险，可以选择规模较小的基金，反之，如果你是一个稳健型或是保守型的投资者，便可以选择规模较大的基金取得较稳定的收入。举个例子来说，从2006基金年报看来，规模在20亿和以下的基金年度表现的确优于规模30亿基金的年度表现。需要说明的是，根据基金规模选择基金只是基金选择中的一个环节。

（四）看股票型基金仓位的高低和持股集中度

仓位的高低是基金的主要投资战略之一，但高仓位在牛市能带来高收益的同时也意味着高风险。而作为放大风险的另一种方式，提高基金的持股集中度，提高周转率与股票的换手率也是一种不稳定的操作。

三、根据投资期限来选择

最后，还要根据自己的投资期限来选择基金产品。

如果你做的是5年以上的长期投资，可以选择股票型基金这类风险系数比较大的产品。这样既可以抵御一些投资价值短期波动的风险，又可获得长期增值的机会，预期收益率会比较高。

保本基金也是在一定的投资期内比如3年或5年为投资者提供一定比例的本金回报保证，因此也适合长期投资。

投资期限2~5年的，除了股票类基金这类风险高的基金产品，还要加入一些收益比较稳定的债权型或平衡型基金，以获得比较稳定的现金流入。但是，由于买进卖出环节都要交纳手续费，一定要事先算好成本。

投资期限在2年以下的，投资的重点就应该放在债券型基金、货币市场基金这类低风险、收益稳定的基金产品上。特别是货币基金，流动性几乎等同于活期存款，又因其不收取申购、赎回费用，投资者在用款的时候可以随时赎回变现，堪称短线投资者的首选。

第三节　看谁在拿着我的钱投资

老刘跑出租有15个年头，15年早出晚归，银行存折里从来都没超出过5位数。交通广播里成天播着新基金发行的广告，但老刘对自己辛苦赚来的钱格外谨慎，硬是充耳不闻。后来几个朋友说，基金普遍赚了100%多，银行利息没法比，不由得也动了心。

老刘对基金一点都不了解，但他相信买基金跟买车一样，要挑大公司而且过往表现好的。老刘通过看基金业绩排行榜，买了一只去年表现不错的基金。该基金年净值涨了110%多，而且属于业内一个重量级基金公司，实力雄厚。但事与愿违，一个月下来，刘师傅这只基金不涨反跌，粗略一算，已经跌了将近10%。现在，老刘晚上睡不着，白天没精神，成天盼着基金赶快涨回来。

我们很多新基民像老刘选绩优基金，就看排行榜，前一周、前一个月谁涨得高就去买，这不是一个非常正确的方式。基金的排行不能简单地纵向比较其近期的业绩，而是要横向观察它一年、两年甚至更长时间的表现，看它在市场涨跌过程中的变化是否稳定，这才较为科学。

买基金，其实不能光看排行榜。基金排行榜与学校黑板上面贴的小红旗有异曲同工之妙，它们都是对成绩的一种体现。所不同的是，基金排行榜仅是对过往业绩的单方面考核，而小红旗授予的是“德智体美劳”全面发展的“三好学生”。老师在评价一个学生的时候，考察的是包括学习成绩、思想品德等在内的全方位因素，而我们也应该按照这种思路投资基金。

基金榜虽然把基金名称、单位净值、风险评价、排位顺序等罗列得很清晰，但只能做一般参考。基金评级是对基金过往业绩定量计算的结果，并不能完全代表基金的未来。仔细观察就会发现，每只基金在榜中都只会各领风骚一段时间，很少有谁是常胜将军。

有些人买基金，看谁的星多就买谁。但是，利用星级筛选基金只能反映一定情况，而且基金没有最好和最差之说，只有合适与不合适之别。有些五星基金收益相对较高，但同时风险也很高。而低星级的基金中，某些回报非常稳定的三星级基金则可能更适合自己。

另外，从基金和股票的投资特点上看，买股票是看上市公司的业绩，而买基金主要就是看人。基金经理和团队的投资能力和投资眼光对一只基金的业绩起着主导作用。所以，看基金主要还是看人，即看谁在拿着我的钱投资。

第四节　基金的价值就是基金的赚钱能力

“既然 1 元不是最低的，那我就要买最便宜的基金。”有不少新基民把基金当成股票，认为买到低价基金，净值才有上涨空间，因此，去购买面值附近甚至是面值以下的基金。

在实际操作中，有不少基民会犯“恐高症”，卖出那些涨幅较大的基金，买入那些涨幅较小的基金，甚至对亏损的基金进行补仓。如果用投资大师彼得·林奇的话来形容，这实际上是在“砍除鲜花，浇灌野草”。

面对净值分别是 1 元和 3 元的基金产品，大多数投资者都会毫不犹豫地选择前者，一方面是认为净值低的基金比较容易上涨，另一方面则认为基金净值低，买到的份额就多，因此钱也会赚得多。于是，很多投资者对净值较低的基金情有独钟。我们都知道，买基金的主要目的是为了获得相应回报，难道净值低的基金回报会更高吗？高净值的基金就不能带来良好回报吗？

假设，有两只基金，持有同样的股票，同样的数量，100%仓位。因为历史成本的原因，一只净值3元，一只净值1元。买哪种更合算呢？甲用3万元买了3元的基金1万股，乙用3万元买了1元的基金3万股。如果这两只基金持有的股票涨了20%，谁赚的多？甲的收益：3万元×20%＝0.6万元；乙的收益：3万元×20%＝0.6万元。赚的一样多啊！如果这两只基金持有的股票跌了20%，谁风险大？甲的损失：3万元×20%＝0.6万元；乙的损失：3万元×20%＝0.6万元。亏的也一样多啊！

看到这里，大家明白了吧，基金的风险收益和净值的高低没有任何关系。拿商品和货币比喻，股票更像商品，其价格受市场供求的影响而波动，而基金更像货币，其价格由其价值决定，与市场供求没有关系。基金的价值就是基金的赚钱能力。有赚钱能力的基金自然不便宜。

另外，基金以净值作为结算标准，因此，基金的卖出净值比买入净值高出的幅度——净值增长率才是判断基金赚钱能力的重要指标，而并非买入时净值的高低。

因此，买基金其实并没有贵贱之分，看一只基金值不值得投资，最重要的还是看今后的获利能力。更何况净值高的基金，一般反映了管理人的水准及该基金经历过市场考验，更值得信赖。

第五节　基金组合因人而异

组合投资，是非常值得我们关注的一种投资方式。因为组合投资具有分散风险，稳定收益的功效。虽然基金本身最大的特点就是分散风险，灵活配置，但对于投资者来说，如果单一地选择某一只基金投资，有时候还是会面临着风险过高，或者收益较低的情形。

根据每个人的风险收益要求，通过将不同种类的基金适当搭配，可以有效地降低组合的投资风险，达到进可攻、退可守的功效。也即人们常说的“鸡蛋放在不同的篮子里，最安全”。

例如，股票型基金风险与收益程度较高，可以根据资产管理的周期和风险承受能力进行选择性投资，以保证组合的较高收益；而配置型基金则兼具灵活配置、股债兼得的特点，风险稍低，收益相对稳定；货币市场基金与债券基金流动性较高，收益低但较为稳定。

许多新基民都想构建一个持有证券数量不多、不论市场多大变化时都能坚决持有的投资组合。构建基金组合必须遵循五项基本原则。

一、组合基金的五项基本原则

（一）要有明确的预期收益和风险程度

这是构建基金组合的前提，实际上是对新基民的自我风险承受能力和满意收益率的确定，需要结合自身的具体情况和市场的走势以及投资产品的特性才能更合理。只有确定这个前提，才能确定各类基金的大致比例和具体基金的挑选。

（二）基金组合要平衡

从目前市场来看，开放式基金是主流基金品种。作为一种可以随时申购、赎回的金融投资产品，其优势显而易见，获得目前多数新基民的青睐。

不过，把“宝”都押在同一只基金上的做法并不可取。俗话说，不能把鸡蛋放在一个篮子里，开放式基金根据投资对象的区别，又分成股票型、债券型、货币市场型和配置型基金等等，而根据其不同的风险系数，来选择适合自己的基金组合，不但能降低风险，同时也能保证比较稳健的获利。

不同的基金组合应该因人而异。

（三）尽量分散风险

根据市场的行情确定各类基金的合理比例，对于组合中的基金的挑选应尽量避免选择同一家基金公司甚至同一个基金经理管理的基金，尽量避免选择相同类型同类风格的基金和相同操作理念的基金。

对于基金投资都遵循着一个基本规律：低风险，低收益；高风险，高收益。结合基金品种分类，我们可以简单地描述基金的风险收益匹配的情况（见下图）：

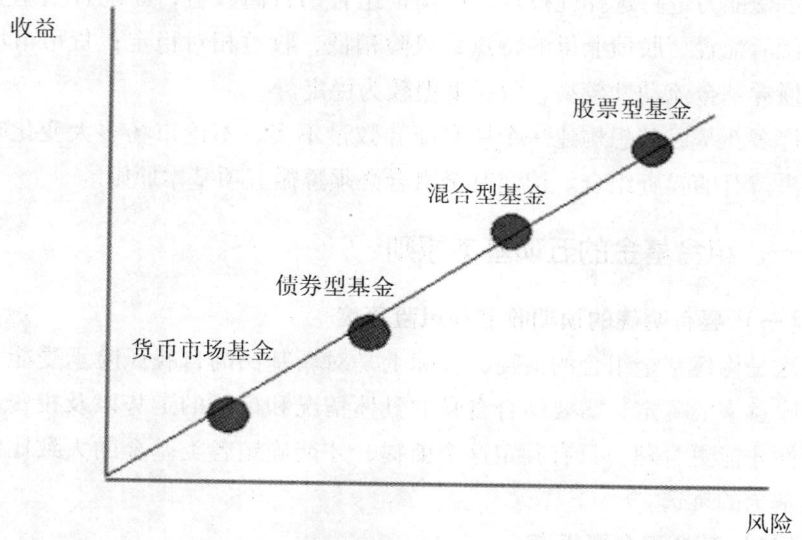

（四）数量要适当

组合中的基金只数尽量控制在 3 ~5 只，比例较大的类型可以选择两三只。数量过多不便于管理，如果把鸡蛋搁在同一个篮子的不同角落未必能分散风险。

（五）适时进行调整

基金组合构建以后并不等于一劳永逸，还是需要作一些适时的调整，基金不应像股票一样频繁操作，但是当股市出现明显的大调整还是不能无所作为的，应该适当调整股票型基金的持有比例。还应该建立一些备选的候补基金，已有组合中的基金实在比不上备选的候补基金就应该更换。

从投资理财以获取可观收益的角度出发，如何选择股票基金和股债混合基金来构建基金组合？下面有两种方法供你参考。

二、组合基金的两种方法

（一）尝试固定比例组合

基金有股票型、债券型、货币型。股票型基金又分为成长型、收入型、平衡型。不同的分类表明不同的风险和收益。当觉得未来经济形势不明朗或风险相对较大时，可采取固定比例投资组合方式。可据此选择 3 至 5 个不同类型的基金，并确保其中有 1 至 2 个债券型或货币型基金，这样可有效避免股市剧烈波动所带来的风险。具体操作上也有两种不同方法，一种是固定比例金额，一种是固定比例份额。前者用相同数量资金购买不同种类基金，后者用资金购买不同种类但份额相同的基金。从效果看两者差别不大。只是前者相对于后者而言略微保守一点。

（二）构成组合核心

针对每个投资目标，应选择三至四只业绩稳定的基金，构成核心组合，这是整个基金组合的中心部分，也是决定组合长期表现的主要因素。核心组合在整个基金组合中的比例因人而异，但是其作为关键部分，一般应在整个组合的50%以上。如果投资者的投资风格比较保守，可以仅投资在核心组合上，或者大部分投资在核心组合上。

从对不同类型基金的市场表现着手，分析不同类型基金利弊，供新基民选基金时借鉴参考。

1. 定期定投

定期定投，既不因市场上涨就增加投资，也不因下跌减少投资。

证券市场难以预测，一般新基民最好不要试图“选时”，而是采取“平均成本法”来做定期定额投资，既不要因为市场上涨就增加投资金额，也不要因为市场下跌就减少投资金额，始终保持固定的投资速度和金额。

因此，对于新基民来说，定期定投不失为一种增加财富的方法。目前市场上有27只基金产品加入到工商银行的“定期定额”队伍，这27只基金涵盖了各种基金类型，投资期限为3年、5年和8年的三种基金定期定投品种，每月最低申购额为200元人民币，投资金额级差为100元人民币。划款期限皆为一个月。

此外，在具体的配置比例中，有两种，一种是固定金额，一种是固定份额。前者每种基金都购买相同的金额，后者每种基金都购买同样的份额。

2. ETF基金

牛市ETF基金最威风，熊市也最惨，心脏不好的回避。在牛市中，ETF基金可以说是一种非常好的投资方式。据统计，2007年以来，市场上的五只ETF产品涨势迅猛，华夏中小板ETF上涨78.32%，易方达深证100ETF上涨72.88%，友邦华泰上证红利ETF上涨55%，华夏上证50ETF上涨53.56%，华安上证180ETF上涨60.81%；而同期上证综合指数仅上涨 39.06%。ETF 产品全体跑赢大盘，涨幅也远高于主动型基金的平均净值表现。

2007 年第一季度，大盘出现了“轮流上涨”的趋势，而任何一只股票的大幅上涨，都或多或少会推动大盘指数，这样一来，被动追踪大盘指数的 ETF 基金无疑受到了最大的推动。

有鉴于此，我建议，希望获得大盘平均收益的投资者可更多选择指数型基金进行配置，而希望获取比大盘指数更高收益的投资者可适当选取主动型基金，因为后者因基金经理的眼光不同，业绩差距相对较大。

新基民需要关注的是，因为 ETF 基金主要被动追踪指数，因而在大盘出现系统性风险、整体指数下跌的情况下，风险相对较难规避。

3. 封闭式基金

不怕不识货，就怕货比货，折价率越高套利空间越大。相对开放式基金而言，封闭式基金多少有些遭到“冷遇”。这主要是因为封闭式基金有固定存续期，存续期间基金规模固定，比如 5 年或 10 年。不过，由于存在折价率和高比例分红，封闭式基金的魅力仍不可抵挡。

选择封闭式基金首先看折价率。折价幅度越大，套利空间越大。比如折价率在 47% 左右的封基，假如其基金单位净值在 0.97 元，但投资者以 0.50 元的价格就可买到，理论上有近五成的套利空间。

据统计，2007 年 4 月份前半个月 19 只大型封闭式基金折价率超过 30%，最高的基金通乾达到 36.31%。另外，“封转开”也成为近期主流。随着基金安瑞、基金金鼎、基金裕元三只封闭式基金于 2007 年 4 月中旬相继终止上市，转型变成了开放式基金。2007 年上半年还有 6 只基金即将到期退市。对于投资者而言，在判断牛市能得以持续的前提下，购买“封转开”基金，能获得两大收益，一是基金净值的增加，二是“封转开”带来的价格回归价值的套利。

第三章　必须掌握的基金转换与赎回方法

第一节　阅读基金年报的方法

基金年报是对过去一年的回顾，涵盖了管理人报告、基金财务状况、基金的投资组合等内容。面对这样一份翔实的答卷，新基民如何从中获取自己所需要的信息？不妨关注以下几个方面：

一、基金业绩的回顾

当前国内基金的年报中，主要财务指标披露了基金的净收益、可供分配收益、资产净值、净值增长率等业绩数据，并与上一期间的数据进行比较。

其中，净值表现还与相应的业绩基准进行比较，并从不同期限长短来体现，如3个月、6个月、1年、3年和5年。

如果基金资产净值相比较前期发生的变化巨大，新基民也应当关注，毕竟资产规模过大可能对基金的投资策略、风格以至业绩会有所影响，尤其是许多小规模开放式基金通过营销策略变身为大规模基金。

二、基金经理报告

基金经理报告是新基民判断基金投资风格与自身投资需求的契合度的重要依据。

好的基金经理报告不仅会详尽讨论行业分布和个股选择的原因，还解释影响基金业绩的有利条件与不利阻碍；在业绩不尽如人意时，不应回避做出的错误投资决策，应向投资者阐述原因，让投资者了解个中问题。

基金经理报告中也会有对下一年度的展望，从中可大体窥见基金经理未来一年的策略和思路。

三、财务会计报告

基金的财务会计报告包括资产负债表、经营业绩表和净值变动表。新基民应留意基金经营业绩表中费用项目下的基金管理人报酬、基金托管费等基金费用支出。

在财务会计报告附注中，投资者可了解重大关联方关系及关联交易和流通受限制不能自由转让的基金资产等。

应该了解基金年报中财务报表分析的技巧，年度财务分析的质量和分析技巧密切相关。在财务分析中，有以下三个技巧：

（一）具体问题具体分析

在财务比例分析中最忌生搬硬套。如，一般认为流动比率达到2:1是比较好的，但如果不加区分，对所有基金公司的流动比率都要求2:1，就显得过于僵化。该指标只是一种判断公司清偿能力的参考依据，而不是唯一的标准。

（二）尽量实行单位化分析方法

因为基金的资产规模一般较为庞大，很难产生具体的认识，使人看不清基金公司的实际经营状况。一般采用将各种财务资料或会计项目的数字化为单位数字，如每股资产净值等。而利用单位数字，就能清楚看出公司的营运情况，特别是公司的盈利情况。如利润加以单位化，使之成为每股净利润后，不仅可以供基金公司做各年度的客观比较，还可以做各基金公司之间的比较。

（三）学会绝对数与相对数相结合

数字所表示的概念，既可以是正确而具体的，也可以是模糊而抽象的。如我们看到“某基金今年的净值增长率为20%”，这就是一个抽象的概念，人们只知这只基金今年的增长率为20%，但盈利具体是多少呢？相对的数据能帮助我们从整体上把握某基金公司的发展趋势，而绝对数能使我们看清该公司的发展状况。

总之，在基金年报财务分析时我们应明白“尽信数字不如无数字”的道理，不仅对公司财务进行分析，还要对基金年报的文字进行分析，对基金的现在发展情况也应有所了解。

四、基金投资组合

基金投资组合说明基金在期末时点上投资于股票、债券和现金等资产的比例，还披露了股票投资的行业分布。新基民可以从基金持有股票明细中了解基金大量持有哪些股票。

管理人报告中的内部监察报告、重要事项提示部分也是新基民需要关注的。此外，基金持有人户数和相应的份额可以帮助新基民了解基金的持有人结构，究竟是以机构为主还是以个人为主；封闭式基金还披露前十大持有人的名单。

第二节　基金分红

基金分红，就是基金实现投资净收益后将其分配给基金持有人。基金净收益是指基金收益扣除按照有关规定可以在基金收益中扣除的费用后的余额，包括基金投资所得红利、股息、债券利息，买卖证券差价、银行存款利息以及其他收益。

基金分红采取现金和分红再投资两种方式分配基金收益。现金分红是直接获得现金红利，不用支付赎回费；红利再投资是将分红所得现金再投资该基金，这样做既可免掉再投资的申购费，还可以进一步享受该基金成长所带来的持续收益。投资者应当选择两种分红方式之一，基金默认的方式是现金分红。

一、基金分红的有关规定

（一）基金分红的条件：基金当年收益弥补以前年度亏损后方可进行分配；基金收益分配后，单位净值不能低于面值；基金投资当期出现净亏损则不能进行分配。

（二）基金分红设立权益登记日（R 日），该日收市后账户中仍持有基金份额的投资者享有红利分配权。因此，权益登记日办理申购的投资者有红利分配权，而权益登记日办理赎回的投资者没有红利分配权。

（三）红利再投资一般以除权日（R+1 日）的基金单位净值作为计算依据，具体请参看基金的有关公告。

（四）投资者申请分红方式变更，应当至少在权益登记日前三日办理，具体请参看基金的有关公告。

二、基金分红方式变更的有关规定

（一）申请资料

1. 个人投资者办理分红方式变更须提交下列资料：

（1）本人有效身份证明文件原件及复印件；

（2）基金账户卡和交易账户卡；

（3）填妥的变更申请表；

（4）基金销售机构要求的其他资料。

2. 机构投资者办理分红方式变更须提交下列资料：

（1）经办人身份证明文件及复印件；

（2）基金账户卡和交易账户卡；

（3）预留印鉴；

（4）填妥的变更申请表；

（5）基金销售机构要求的其他资料。

（二）办理程序

投资者变更分红方式时，基金销售机构T日受理投资者变更申请，于当日收市后将申请发送基金登记注册机构。登记机构于T+1日向所有具有该基金账户交易记录且分红方式与变更后方式不同的销售机构返回变更结果。自T+2日起该账户启用新的分红方式。

基金分红时，R日收市后基金登记注册机构登记持有人名册，确认投资者分红权益。R+1日基金单位除权，登记注册机构向基金销售机构返回权益。R+2日登记注册机构登记投资者分红再投资所获基金份额并将登记结果返回基金销售机构。R+3日投资者可以对账户中的分红再投资所获份额进行正常交易操作。R+7日，投资者可以查询账户中现金分红到账情况。

第三节　基金转换

基金转换是常用的一种投资方法，特别是对于基金产品线特别丰富的基金管理公司来讲，基金转换可能是经常发生的事。

我认识的老赵手中的股票型基金在不到1个月的时间内获利12%，老赵对此相当满意，想把手中的基金赎回，转投这家公司的另外一只基金。他听说这种情况最好采用基金转换，既方便又省钱，但他不知道这样做需要什么样的手续，也不知道划不划算。

基金转换就是资金从原先持有的基金转换到同一公司旗下的其他基金中，相当于卖出现在持有的基金，以该笔赎回款项申购其他基金，你只要通过一个指令，就可以在最短时间内完成先买回再申购的整个交易，能够最大限度地节省你的时间。

基金转换可以为你节省一定的手续费，一般情况下，不论是股票型基金互相转换，股票型基金转到债券型基金，还是把债券型基金转到股票型基金，转换手续费都比先买回再申购更优惠。例如：你持有甲公司某股票型基金，现转换到甲公司另一只股票型基金，转换费率为0.5%，远低于股票型基金1.5%的申购费率。利用基金转换，你一下子就节省了1%的费用，相当于多赚了同等比例的利润，在出现好机会的情况下，何乐而不为呢?

基金转换是不是随时都可以进行呢，并不是这样，对转换时机的把握是最关键的，以下建议可供新基民参考：

如果你的股票型基金获利已达到满足点，你希望通过调整投资组合进一步获利，可考虑将手上的股票型基金转换为其他股票型基金，使资金运用更有效率。

如果你准备将手上的股票型基金获利了结，但目前尚无资金使用需求，与其将钱存在银行里，不如将手上的股票型基金转换成固定收益工具，如债券型基金或货币市场基金，不仅可以持续赚取固定收益，也可让资金的运用更为灵活。

如果你持有的股票型基金跌至最低亏损点，与其认赔赎回，不如转换成其他具有潜力的股票型基金，或转换成表现较为稳健的平衡型基金，让投资组合布局更均衡，提高整体获利的可能。

当经济景气周期处于高峰，面临下滑风险，你应开始逢高获利了结持有的股票型基金，将其逐步转成固定收益工具，如债券型基金或货币市场基金。

当股票市场将从空头转为多头，你应将停留于债券型基金或货币市场基金的资金，及时转换到即将复苏的股票型基金里，抓住股市上涨机会。

新基民根据自己的实际情况，把握好基金转换的时机，来提高自己投资的收益。

第四节　减少基金在途时间的窍门

2007年初以来，开放式基金专家理财的优势得到充分显现，但开放式基金赎回的资金到账多数实行T+2或T+3，赎回的途中时间较长，对投资流动性形成制约，使很多人望而却步。不过，掌握一些窍门，能够最大限度减少开放式基金的在途时间，从而进一步提高开放式基金的收益性和灵活性。

一、巧用基金转换“曲线”赎回

许多基金公司规定，其旗下的货币基金和股票型基金的转换实行T+0或T+1，灵活利用好这一规定巧打时间差，便可以缩短赎回的在途时间。比如，你需要赎回一只股票型基金，如果该基金公司的基金转换实行T+1，则可以先将股票型基金转换为货币基金，这样，你的基金次日便可转换成货币基金，而货币基金的赎回一般实行T+1，这样，基金赎回的在途时间等于节省了一天。

二、选择交易在途时间短的基金

关于基金申购、赎回的在途时间各家基金公司和单只基金规定不一，有的实行T+2，有的则实行T+3，如果基金运作水平相差不大，为了增强投资的灵活性，投资者应尽量选择实行T+2的开放式基金。

三、尽量避免在节假日前申购和赎回

基金的在途时间是按工作日计算的，法定节假日则不计算在途时间。比如黄金周前的最后一个交易日赎回货币基金，资金只能等到七天假期后的第二个工作日才能到账，无形中成了T+8；如果是黄金周前最后一个交易日申购的话，也是到节后才能成交，资金在黄金周内既没有存款利息，

也不能享受货币基金的理财收益，因此从收益的角度来说，申购和赎回基金应尽量避开节假日。

四、利用“约定投资”可以省时省力

在基金投资过程中，有时会由于工作繁忙把基金认购、赎回等投资计划遗忘，从而耽误基金的认购和赎回，影响资金的正常使用，无形中等于增加了基金的在途时间。目前部分银行和基金公司开通了投资预约业务，也就是说，可以通过银行或基金公司的网上交易系统，自动对基金申购和赎回的时间、价格进行提前约定，这样系统就会按照你的指令自动完成交易，从而达到省时省力的目的。

第五节　灵活退出基金投资的几种情况

基金作为中长线的投资工具，追求的是长期投资收益。那么，在什么样的情况下才能够中途退出呢？不同的投资者有不同的收益预期，而不同的基金品种也会有不同的收益特征，更有不同时期的成长性。需要新基民在选择基金的中途退出时灵活运用。

一、基金的性质发生了改变

诸如股票型基金转变成了债券型基金等，或者基金的投资风格或配置资产的比例发生了变化等都会引起基金性质的变化。

二、基金的交易方式发生了转变

诸如“封转开”基金，即由可在交易所上市的封闭式基金转为了开放式基金，已不适应投资者未来的投资习惯和方式，需要进行新的选择。

三、基金面临的市场环境发生了很大的变化

自 2005 年 5 月份上市公司股权分置改革实施以来，证券市场环境发生了很大的变化，这需要投资者及时地调整对策，并积极地投资股票型基金，而将债券型基金进行必要的调整。

四、收益目标基本实现

投资者在进行基金产品投资前，均会设置一定的投资预期，而这些预期需要在实际的投资中不断地加以调整。当预期的投资目标完成后可以选择暂时退出。

五、自身的投资条件有了改变

基金投资需要一定的经济条件，更需要一定的风险承受能力。而当这些条件发生变化时，投资者就有必要调整基金投资品种。

第四章　如何买卖不同类型的基金

第一节　如何买卖开放式基金

一、开放式基金与封闭式基金的不同点

开放式基金在国外又称共同基金，它和封闭式基金共同构成了基金的两种基本运作方式。封闭式基金有固定的存续期，期间基金规模固定，一般在证券交易场所上市交易，投资者通过二级市场买卖基金单位。而开放式基金是指基金规模不固定，基金单位可随时向投资者出售，也可应投资者要求买回的运作方式。

封闭式基金与开放式基金的不同点通过下表可以看出：

	封闭式基金	开放式基金
交易场所	深、沪证券交易所	基金管理公司或代销机构网点（主要指银行等网点）
基金存续期限	有固定的期限	没有固定期限
基金规模	固定额度，一般不能再增加发行	没有规模限制（但有最低的规模限制）
赎回限制	在期限内不能直接赎回基金，需通过上市交易套现	可以随时提出购买或赎回申请
交易方式	上市交易	基金管理公司或代销机构网点（主要指银行等网点）
价格决定因素	交易价格主要由市场供求关系决定	价格则依据基金的资产净值而定

（续表）

	封闭式基金	开放式基金
分红方式	现金分红	现金分红、再投资分红
费用	交易手续费： 成交金额的2.5‰	申购费：不超过申购金额的5% 赎回费：不超过赎回金额的3%
投资策略	不可赎回，无须提取准备金，能够充分运用资金，进行长期投资，取得长期经营绩效	必须保留一部分现金或流动性强的资产，以便应付投资者随时赎回，进行长期投资会受到一定限制。随时面临赎回压力，须更注重流动性等风险管理，要求基金管理人具有更高的投资管理水平
信息披露	基金单位资产净值 每周至少公告一次	单位资产净值每个开放日进行公告

世界投资基金的发展历程基本上遵循了由封闭式转向开放式的发展规律。目前，开放式基金已成为国际基金市场的主流品种，美国、英国、我国香港和台湾的基金市场均有90%以上是开放式基金。相对于封闭式基金，开放式基金在激励约束机制、流动性、透明度和投资便利程度等方面都具有较大的优势：

市场选择性强。如果基金业绩优良，投资者购买基金的资金流入会导致基金资产增加。而如果基金经营不善，投资者通过赎回基金的方式撤出资金，导致基金资产减少。由于规模较大的基金的整体运营成本并不比小规模基金的成本高，使得大规模的基金业绩更好，愿买它的人更多，规模也就更大。这种优胜劣汰的机制对基金管理人形成了直接的激励约束，充分体现良好的市场选择。

流动性好。基金管理人必须保持基金资产充分的流动性，以应付可能出现的赎回，而不会集中持有大量难以变现的资产，减少了基金的流动性风险。

透明度高。除履行必备的信息披露外，开放式基金一般每日公布资产净值，随时准确地体现出基金管理人在市场上运作、驾驭资金的能力，对于能力、资金、经验均不足的小投资者有特别的吸引力。

便于投资。投资者可随时在各销售场所申购、赎回基金，十分便利。良好的激励约束机制又促使基金管理人更加注重诚信、声誉，强调中长期、稳定、绩优的投资策略以及优良的客户服务。

作为一个金融创新品种，开放式基金的推出，能更好地调动投资者的投资热情，而且销售渠道包括银行网络，能够吸引部分新增储蓄资金进入证券市场，改善投资者结构，起到稳定和发展市场的作用。

二、买卖开放式基金的时机

任何一个新的金融品种的推出，都会承受一定的投资风险。我们的市场在上市公司质量、机构投资者行为规范、中介机构信用度方面都存在一些问题。同时，开放式基金的定价机制、交易方式、风险防范、运作机制和规模控制上明显有别于封闭式基金，因而这一新的金融品种也面临着一定的系统风险。投资者在买入开放式基金时应该把握好买卖时机，这样可以有效防范一定的投资风险。买卖开放式基金的时机可主要归纳为：

（一）新基金发行或上市之初往往是介入的较佳时机

同样净值的基金，新基金的资产质量会明显好于老基金。新基金在上市之初，往往呈现出一定幅度的溢价现象，这种规律自封闭式基金挂牌始就已显露出来。细究其原因，主要是新基金在发行后，伴随着其在二级市场的建仓，其建仓的股票自然会在新资金的介入下，出现一定幅度的上涨，其净值随后也出现一定幅度的上扬。考虑到开放式基金是依照其基金净值来计算的，因此，在新的开放式基金发行或上市之初买入，是一个相对较安全的区域。准备长线投资的投资者，可以在基金发行或上市之初介入。开放式基金有三个月的封闭期，这三个月的经营状况受到市场的影响。因此，经营状况较好时，三个月后的基金净值将出现增长，发行期内买入则为较佳时期。反之，若在这三个月内经营状况不佳，则在上市之后买入更好一些。考虑到开放式基金规模较大，建仓过程较长，一只品种伴随着机构的吸筹，即使在行情不佳时，其基金净值出现小幅上涨的概率也较大。因此，发行或上市之初是较佳的买入时机。

（二）大盘处于较低位或中长期上升趋势中适宜购买开放式基金

开放式基金以资产的安全性与流动性为主要目标，资产的盈利性反而处于较次要的地位。因此，在购买开放式基金前，应对大盘的整体走势有较清醒的认识。只有认为目前大盘的位置属于中长期的较低位时，或者认为大盘将在中长期时间内保持上升趋势的情况下，通过较长的时间持有开放式基金，才可以获得一定的利润。反之，如若大盘已经处于相对高位，或者大盘处于中长期的下调趋势之中，则不宜购买开放式基金。因此，在购买开放式基金时，应对大盘的位置与中长期发展趋势有较清醒的认识。

（三）购买或卖出开放式基金的时机往往是一定时间段

买入开放式基金前必须抱有长线投资的理念。由于开放式基金的手续费较高，而且开放式基金的净值稳定性较强，因此，开放式基金的净值总会保持一定时间段内的稳定性，反映到其价格上则是上下波动区间较小。因而如果抱有短线炒作思维介入开放式基金的话，则往往以亏损出局为代价。期望在短期内持有开放式基金获取较大利润，是非常不现实的事情。因此，购买或卖出开放式基金，往往呈现一定时间段的操作策略。

（四）开放式基金的价格往往与大盘指数呈现正相关性

开放式基金的价格是依据其净值的高低确定的，而基金净值往往与大盘指数呈现一定的正相关性，因此，基金价格与大盘指数之间呈现出较大的正相关性。在目前开放式基金缺乏有效避险工具的情况下，大盘走势的强弱是影响基金净值的重要因素。因此，在买入或卖出开放式基金时，应该对大盘的短期与中长期走势做出预测，以免产生失误。

（五）不同开放式基金的收益与风险程度不同

购买开放式基金时，往往也面临着选择基金品种的问题。不同开放式基金所持的不同投资理念，本身就代表市场中不同的价值观。因此，不同投资理念、投资风格本身就代表一种智慧。在不同时期、不同市场环境下，这种智慧会产生不同的财富放大效应。同时，不同的投资理念也预示着不同的投资风险。由于各基金的投资理念、投资重点不同，净值增长自然会在不同的阶段有所不同。在较短的时期内，很难判断哪一种风格的基金投资效果好。但是，基金公司在推出某种投资风格的开放式基金的同时，本身就预示着一种市场风险，投资者应在不同风格的开放式基金中进行选择。在平衡市或弱势中，投资重稳健的开放式基金可能会好一些；而在强势市场中，投资比较进取的开放式基金会好一些。作为一名投资者，在选择一只开放式基金的同时，也就默认了其投资风格与相应的投资风险。因此，在购买开放式基金时，应对不同投资风格的基金进行选择。

（六）购买开放式基金应有一定的风险意识

开放式基金本身也有较大的收益风险。在市场走势不佳的情况下，开放式基金的净值出现亏损，也是一种正常的现象。同时，开放式基金还有可能面临较大的流动性风险。如果开放式基金也购买了类似银广夏等问题股，则开放式基金的净值面临一定的“跳水”的风险，其流动性就在一定时期内面临较长风险。同时，购买开放式基金时，不能抱有“逢新必炒”的理念。国外发行开放式基金，需要充分细致的宣传推广工作，不会出现目前开放式基金的排队争购现象。我国一种新的金融品种推出后，往往在短期内出现较大的投机炒作色彩，但此次推出的开放式基金的价格，与市场的供应关系没有任何联系，仅仅与开放式基金的净值的高低有关。因此，在此种情况下，“逢新必炒”在开放式基金上不会灵验。

三、开放式基金的利润来源

基金是理财方式之一，那么投资基金怎么能获利呢？投资证券基金有两种获利来源，一种是来自基金净值的增长，即价差获利；另一种则是基金的收益分配，就是我们经常听到的基金分红。

价差获利。一般的投资通则就是逢低买入，逢高卖出，以寻求最大的获利，基金投资获利也遵循这样的原则。在市场上挂牌的封闭式基金，价格随着市场供求的变化而不断上下波动，投资者在市场上低价买入基金再高价卖出，扣除应缴的手续费后，就是价差获利。

对于开放式基金，基金经理的操作业绩真实地反映在基金净值上。基金经理将基金资产投资于符合投资标的的股票和债券上，操作得好，就会有所收益（包括未实现资本利得），直观地表现为基金净值的增长。同样，运作失败，就会赔钱，表现为净值的下跌。投资者投资开放式基金，低买高卖，就是赚取基金净值的涨幅。比如，如果投资者是净值1.05元买入基金，待净值1.15元时卖出，就有每份基金单位0.10元的价差获利。扣除应该缴的费用后，就是投资收益。当然，如果基金操作不理想，也可能造成净值下跌，投资者就会有投资风险。

投资开放式基金赚的是“基金净值上涨”的钱，不像封闭式基金，上市后的价格可能会受市场供需的影响产生溢价或折价的情形，购买开放式基金可以通过两种方式获利——

净值增长：由于开放式基金所投资的股票或债券升值或获取红利、股息利息等，导致基金单位净值的增长，而基金单位净值上涨以后，投资者卖出基金单位数时所得到的净值差价，也就是投资的毛利。再把毛利扣掉申购费和赎回费用，就是真正的投资收益。

分红收益：根据国家法律法规和基金契约的规定，基金会定期进行收益分配。通常情况下，开放式基金有两种可供选择的分红方式：红利再投资和现金分红。投资者可通过基金公司或代销机构网点进行分红方式的选择和变更。

四、怎样计算开放式基金赚了多少钱

基金到底赚了多少钱？相信这是每个新基民首先想知道的。我们把基金在一定时期内的收益定义为总回报，作为衡量基金以往表现的最基本方法。总回报的来源有两部分，一是收入回报，即基金在一定时期内收到的分红和利息收入，例如股息、债券利息和银行存款利息等；二是资本回报，反映基金所持有的股票与债券价格涨跌的幅度。

首先要了解基金的资产净值，这是计算总回报的基础。总回报表现为该时期单位基金资产净值的增长率。

基金资产净值是在某一时点上，基金资产的总市值扣除负债后的余额，代表了基金持有人的权益。单位基金资产净值，即每一基金单位代表的基金资产的净值。

单位基金资产净值 =（总资产 - 总负债）/基金单位总数

其中，总资产指基金拥有的所有资产，包括股票、债券、银行存款和其他有价证券等；总负债指基金运作及融资时所形成的负债，包括应付给他人的各项费用、应付资金利息等；基金单位总数是指当时发行在外的基金单位的总量。

按照公允价格计算基金资产的过程就是基金的估值，这是计算单位基金资产净值的关键。由于基金所拥有的股票、债券等资产的市场价格是变动的，所以必须于每个交易日对单位基金资产净值重新计算。封闭式基金净值每周至少公告一次，开放式基金每个交易日都公告净值。

估值方法十分重要。例如，基金所拥有的上市流通证券，比如某只股票，是按其估值日在证券交易所挂牌的市价（平均价或收盘价）估值。按平均价估值，基金资产净值的变动受股票价格波动的影响要小一些。目前，封闭式基金和少数开放式基金按平均价估值，大多数开放式基金按收盘价估值。

对于开放式基金而言，单位净值是其计价基础，即申购或赎回的价格取决于当日的基金单位净值（一般是次日公布），并加上或扣除相应的交易费用。封闭式基金由于发行规模有限，投资者对基金的需求与供给并不平衡，导致其交易价格高于或低于单位净值，称为溢价交易或折价交易。目前境内封闭式基金普遍处于折价交易状态，折价率约为20%。

例如，某只开放式基金上年末的单位净值为1元，本年末的单位净值为1.05元，则该基金在本年度的总回报为5%，计算方法为（1.05－1）/1×100%＝5%。这一计算并没有考虑基金的分红情况和费用（申购费、赎回费、管理费、托管费等）。

基金通常会把已经实现的收益向投资者进行分配。分红的基础为“基金净收益”，即基金的收入回报和通过卖出证券实现的资本回报，减去依法可以在基金收益中扣除的费用后的余额。按照目前有关规定，分红有两个约束条件：一是基金投资要有已实现的净收益，二是分红比例在一年中不得低于已实现净收益的90%。

分红后，单位基金资产净值会下降。假设分红前单位净值1.06元，单位分红金额0.05元，则分红后单位净值降到1.01元。

考虑了分红因素后，我们再来计算总回报。总回报 $=(Ne \div Nb) \times (1 + D_1 \div N_1) \times (1 + D_2 \div N_2) \times \cdots\cdots \times (1 + Dn \div Nn) - 1$

其中：Ne和Nb分别为期末和期初单位资产净值，D_1、D_2、Dn分别为第1次、第2次、第n次单位分红金额，N_1、N_2、Nn分别为第1次、第2次、第n次分红后单位净值。

以前文所举例子，如果该基金在本年度进行了两次分红，第一次分红前的单位净值为1.06元，每基金单位分红0.05元，分红后单位净值1.01元；第二次分红前的单位净值为1.08元，每基金单位分红0.06元，分红后单位净值1.02元。总回报 $=(1.05 \div 1) \times (1 + 0.05 \div 1.01) \times (1 + 0.06 \div 1.02) - 1 = 16.68\%$。

第二节 如何买卖指数基金

一、不买指数型基金是你的错

指数型基金，顾名思义，就是对根据沪深证券交易所编制的综合指数所选取的上市公司进行跟踪，以最大限度地反映出上市公司股票价值波动对综合指数的影响。它是一种以拟合目标指数、跟踪目标指数变化为原则，实现与市场同步成长的基金品种。指数基金的投资采取拟合目标指数收益率的投资策略，分散投资于目标指数的成分股，力求股票组合的收益率拟合该目标指数所代表的资本市场的平均收益率。指数基金是成熟的证券市场上不可缺少的一种基金，在西方发达国家，它与股票指数期货、指数期权、指数权证、指数存款和指数票据等其他指数产品一样，日益受到包括交易所、证券公司、信托公司、保险公司和养老基金等各类机构的青睐。

自 20 世纪 90 年代以来，美国华尔街上大多数股票基金管理人的业绩都低于同期市场指数的表现，这样，以复制市场指数走势为核心思想的指数基金在全球范围内迅速发展壮大起来，并对传统的证券投资思维形成巨大的冲击与挑战。

从理论上讲，指数基金的运作方法简单，基金管理成本低廉，只要选择某一种市场指数，根据构成该指数的每一种证券在指数中所占的比例购买相应比例的证券，长期持有就可。

指数基金良好的业绩主要源于两个因素：一方面，指数基金跟踪特定市场指数，最能充分分享牛市行情中指数上涨带来的收益，正是“赚了指数就赚钱”；另一方面，部分指数还具有增强型特点。即在跟踪标的指数的基础上适当进行主动操作，所以能够取得超越指数的业绩表现。如果看好指标股的走势，投资者不妨选择一只指数基金长期持有。指数型基金在美国被称为“魔鬼”，因为其长期业绩表现远高于主动型投资基金，成为众多投资组合的核心。著名的股票投资专家巴菲特有一句理财名言：“不买指数型基金是你的错！”

指数基金有两类：ETF 和传统指数基金。

ETF中文名称为“交易型开放式指数基金”，它与传统的指数基金有很大区别。首先是交易方式。ETF与股票一样，只要有证券账户，就可随时买卖，交易价依市价实时变动。这里的市价，不同于基金的单位净值，但与净值相差不会太多。而传统指数基金和其他开放式基金相同，都是通过银行、券商、基金公司直销网点等方式申购赎回，进出的价格以当日基金单位净值为准。

交易方式不同，导致交易成本也两样。传统指数基金每年需支付约1.5%管理费，较ETF的管理费（0.3%～0.5%）高出不少；另外传统指数基金申购时需支付1%左右手续费，赎回时需支付0.5%左右手续费，而ETF的交易佣金最多不超过0.3%。ETF交易成本相对便宜。而基金管理方式的不同，则是造成追踪同样目标指数的ETF和传统指数基金业绩差别的主要原因。

ETF属于“被动式管理”，ETF管理人不会主动选股，指数的成分股就是ETF持股对象。其重点不是打败指数，而是追踪指数。一只成功的ETF能尽可能与标的指数走势一模一样，即能“复制”指数，使投资者安心地赚取指数的报酬率。传统股票型基金则多属于“主动式管理”，一般持股的90%都是目标指数的样本股，基金经理会通过相对积极操作，达到基金报酬率超越目标指数的目的。所以同样追踪上证50指数，50ETF跟易方达50相比，净值走势跟该指数会更为接近。

不同的管理方式各有利弊。相对而言ETF更好判断，只要看看目标指数，就知道它走得好不好。但如果想要打败指数，传统基金更有可能，但同样它也可能跑输指数。还有一点区别，就是ETF没法像传统基金一样通过银行定期定额投资。目前市场上追踪对象相同但交易方式两样的仅有两对，除了50ETF和易方达50之外，就是深证100ETF和融通100。

二、挑选指数基金的方法

现在我国证券市场上已经设立和正在发行的指数基金共有10多只，主要可以分为下面两种：第一，按交易机制划分，封闭式指数基金有兴和、普丰、景福。开放式指数基金有华安MSCI、万家180、融通深100、博时裕富等。ETF有上证50ETF、深证100ETF和华安180ETF，指数型LOF有嘉实沪深300指数基金等。第二，按照复制方式分类。完全复制型的只有上证50ETF、博时裕富、嘉实沪深300、万家180和深证100ETF。其余指数基金均为增强型。

指数基金将越来越多，我们该如何选择？指数基金的投资者应关注以下几个方面：

（一）选指数基金开发和管理能力强的基金公司

指数基金尽管属于被动投资，但选择指数标的、降低跟踪误差、减少交易操作等，仍需要基金管理公司有较强的管理能力。目前，国内已有10家基金管理公司推出了指数基金。其中融通、华安、易方达各管理两只指数基金，经验相对丰富，融通的两只指数基金更以高分红著称，显示该公司在指数基金的稳定回报方面具有较强能力。

（二）选所跟踪指数表现优越的基金

指数基金的业绩表现决定于它所选择的标的指数。对于主要投资于指数的基金，其跟踪的指数很大程度上决定了基金的收益和风险特征。通过考察指数在不同市场情况的表现，投资者可以大概了解指数基金的表现。目前，国内历史较长的指数有深证100、道中88、上证180、中标300以及新华A200指数，新生代指数有沪深300（3686.030，127.32，3.58%）、上证50和巨潮100（3693.596，120.25，3.37%）。

（三）选跟踪误差小的基金

评价指数型基金及其基金经理，不能过分看重短期业绩，而应将跟踪误差当作重要指标。某指数基金取得超出跟踪指数20%的业绩，实际只能算是一只主动性股票基金，而不能被看作被动性指数基金。只有既能较好地控制跟踪误差范围又能取得超越标的指数业绩，才属优秀的指数基金。

（四）选分红回报能力强的基金

尽管从长期来看，指数总是上涨的，但指数不可能总是上涨，牛短熊长是证券市场规律之一。指数基金的被动性投资特性，似乎让它无法主动规避市场风险。其实不然，通过在市场高位兑现盈利进行分红，指数基金能有效减少熊市阶段所遭受的损失。同时，选择一只分红记录良好的指数基金，也有助于改善持有人的现金流状况，满足持有人落袋为安的要求。

三、适时买卖指数基金

在大牛市背景下，随着板块轮动，指数基金尤其是ETF基金，比较适合作为投资者波段操作的工具。

对指数型基金的评价主要侧重于三个方面：一是对其所跟踪基准指数的评价，分析基准指数的风险收益特征；二是对基金与基准指数拟合程度的评价，通常采用跟踪误差水平作为度量指标；三是考虑指数基金的成本。

净值日收益波动率比较小的基金有华安180、天同180、银华88，波动率较大的基金有50ETF、长城久泰300、博时裕富A200；跟踪误差偏高的有银华88、融通深证100，融通巨潮100由于成立时间短，数据的代表性不强。

各基金跟踪的基准指数的相关性较大，风险收益指标也具有一定的相关性，在近一年的时间里，新华富时A200指数与上证50指数累计收益率的差距达5.23个百分点。

指数基金及指数化衍生品面临较好发展机遇。指数基金与指数化投资正逐步得到国内市场的认同，未来的几年会有较大的发展。

在上涨的行情中，指数基金往往有较好的投资表现，而在下跌行情中表现则随之下滑。我们认为指数基金是长期投资的合适工具，就短期而言，更适合波动操作，上证50ETF、融通巨潮100、嘉实沪深300都是不错的品种。

尽管作为一种中长线投资品种，指数型基金可以在投资配置中扮演重要角色，但在股市行情并不明朗时，投资指数型基金需要格外关注风险。

指数基金由于其自身的特性和优势，面市后一直受到追捧。从投资特点上来说，在行情趋势确定以后，投资者可以根据自己的判断，对指数型基金进行高卖低买的波段操作，以获取更大的收益。但是，指数型基金的投资操作仍有其自身的特点和局限性，应该根据指数型基金的特性和行情的特点进行操作，否则很难取得理想收益。

首先，指数基金是一种趋势性的投资品种。由于没有卖空机制，只有在上升行情的大趋势中才能取得较好的收益，这是买入并持有策略的前提。指数基金主要是模拟股票指数进行投资运作，下跌或震荡行情中基金的绝对收益不高，如从2002年开始到2005年7月，股票市场一直处于震荡或下跌之中，截至2005年7月底，2005年前发行的指数型基金中，没有一只基金的净值在面值以上，净值损失普遍都在10%以上。

其次，虽然投资者可以通过高卖低买进行波段操作，但是，只有在中线范围内进行操作，才能取得比较好的效果，短线操作的效果并不理想。对开放式基金而言，申购赎回费率相加都在1.5%以上，短线获利几乎不可能；对封闭式基金而言，因为基金资产并不完全投资于指数，因此，二级市场走势并不与指数和基金净值完全相关，很难根据大盘进行短线操作。即使对与上证50指数完全相关的50ETF进行二级市场短线操作，剔除手续费后，短线获利的难度也很大。

虽然同为指数型基金，但由于所拟合指数和投资策略的不同，基金具有不同的投资特征。因此，选择投资的指数是投资指数基金的一个重要环节。

指数基金比较好的投资策略，应该是在选择适合基金的基础上，在上升行情明朗时持有，并在行情发生转折时进行中线波段操作。

最后我们提醒一点，指数基金的投资重在选择合适的市场时机，投资于指数基金的目标是在低点买入、高点卖出，或者低点买入长期持有。如果你更重视个股选择，而且在个股选择上比较有优势，那么指数型基金可能并不适合你。

对于投资时机的选择，大家要关注可能的风险。指数基金的收益来源于指数涨跌，但风险也来源于指数涨跌。因为指数基金以低买高卖为原则，一旦你正好在高位买进，以后指数不断下跌，这样你就要承担相应的风险。

合适的时机主要依赖于投资者个人对大势的判断。

四、ETF基金的特点

ETF（Exchange Traded Fund），是一种在交易所买卖的基金，代表一揽子股票的所有权，可以连续发售和用一揽子股票赎回。它提高了市场的定价效率，节省了基金的运作费用，结合了封闭式与开放式基金的优点，很快为市场的各方参与者所接受，自推出后，在美国、韩国、中国香港等市场取得了巨大成功。

ETF“既封闭又开放”。像封闭式基金一样，ETF可以在交易所交易，但它还具有开放式基金的特性。投资者可以把ETF看作一个普通的指数基金，所不同的是，以前的指数基金是在交易所外按净值进行申购赎回，而现在的 ETF 是在交易所挂牌交易，可以高抛低吸。

具体来说，ETF 具有以下特点：

基金份额在证券交易所上市交易，投资者如同买卖封闭式基金一样简单地买卖 ETF，并获得与该 ETF 目标指数基本相同的报酬率。

申购赎回交付的通常是一篮子目标指数成分股票加少量现金，即申购赎回采用实物交付，不同于传统开放式基金的现金申购赎回。

申购赎回申报的最小单位通常较大，申购赎回主要适合机构投资者和大额资金的个人投资者参与。

基金的投资目标是尽力使基金净值跟踪目标指数走势而不是超越目标指数，一般采用被动式管理。

管理费用与交易成本低。由于采取被动式管理，不需要主动选股，降低了管理费用。ETF 的管理年费率通常在 0.3% 至 0.5% 之间，较传统开放式基金管理年费率（1.0% ~1.5%）要低；由于申购赎回用实物交付，基金资产买卖活动较少，交易成本很低。

五、上证 50ETF

ETF 在国际市场上一般有两种发行方式：种子基金的模式和初次公开发行的模式。根据我国证券市场的实际情况和特点，上证 50ETF 发行方式有所创新，将会采取网上网下现金认购和网下股票申购的混合模式。

具体而言，在发行之初，先对投资者进行网上及网下的公开募集，投资者以现金认购的模式获得 ETF 的基金份额，每份基金份额面值为 1.00 元，认购价格为 1.00 元。网上现金认购类似封闭式基金的发行，单一账户每笔认购份额需为 1000 份或其整数倍，最高不得超过 99999000 份。网下现金认购类似开放式基金的发行，每笔认购份额须为 1000 份或其整数倍。

此后，基金发起人将允许机构投资者通过参与券商以股票来进行认购，投资者申报的股票必须是上证 50 成分股，以单只股票的股数申报，最低申报股数为 1 万股，超过 1 万股的部分须为 100 股的整数倍。如果投资者申报的个股认购数量总额大于基金管理人可确认的认购数量上限，基金发起人根据投资者的认购申报数量从小到大收取。基金管理人可根据网下股票认购日前 3 个月个股的交易量、价格波动及其他异常情况，决定是否对个股认购规模进行限制，并在网下股票认购日前至少 4 个工作日公告限制认购规模的个股名单。认购规模受限的个股一般不超过 10 只。

另外对于在网下股票认购期间价格波动异常或认购申报数量异常的个股，基金管理人可不经公告，全部或部分拒绝该股票的认购申报。与正式上市后以一篮子股票申购基金份额的方式不同，发行期投资者用以认购的股票个数可以是一只，也可以是多只。

对以上三种方式投资者均可多次提交申请，累计申报不设上限。

发行期之后，基金会进入一段时间的建仓期，利用现金在市场上购买指数成分股，并使得基金净值达到设计净值的要求，然后计算投资者认购额与 ETF 份额的转换关系，实施转换。这种发行方式的好处在于，既保证了 ETF 的成本优势，又能使 ETF 在市场上迅速普及，对 ETF 在国内发展起到良好的作用。

六、怎样买卖深证 100ETF

继上证 50ETF 后，深市也推出了易方达深证 100ETF 交易型开放式指数基金，并已开始发售。通过此前对上证 50ETF 的了解，不少投资者开始关心起深证 100ETF 了。投资者如果想投资深证 100ETF，还应作一定准备。

第一，投资者参与深交所 ETF 交易应持有深圳证券账户。投资者进行现金认购和二级市场买卖 ETF 份额，可使用深圳 A 股账户或深圳证券投资基金账户；投资者进行实物认购和申购、赎回 ETF 份额，必须使用深圳 A 股账户。

第二，基金募集期内，投资者可在具有基金代销资格的各会员单位证券营业部通过深交所交易系统以现金方式认购 ETF 份额。同时还可进行网下现金认购和网下实物认购。

第三，基金上市并开放申购赎回后，投资者可在各会员单位证券营业部通过交易系统买卖 ETF 份额；同时，可在基金管理人指定的代办证券公司营业部通过交易系统申购、赎回 ETF 份额。

我们以拥有 100 万元的老王的操作为例。

他首先面临的就是开户问题。老王进行现金认购和二级市场买卖 ETF 份额，可使用深圳 A 股账户或深圳证券投资基金账户；而进行实物认购和申购、赎回 ETF 份额，则必须使用深圳 A 股账户。

在参与渠道方面，老王有三种选择：可根据自身条件和需要选择网上现金认购、网下现金认购、网下成分股票认购。深证 100ETF 的认购以及申购、赎回适合较大资金量客户。其中，申购赎回深证 100ETF 的资金必须在 100 万元以上。

套利机制是深证 100ETF 区别于股票、其他基金所特有的。在 ETF 处于溢价状态（二级市场价格高于一级市场净值）时，老王可以当日买入一篮子股票，当日申购 ETF，并于当日卖出 ETF，从而在一个极短的时间内（如几十秒）就可以完成套利的全过程。如果 ETF 溢价较多，老王就可以从中得利。ETF 还提供了延时套利的机会，如果老王看多当日指数，可以先买入一篮子成分股，并立即将成分股转换成 ETF，待指数上涨后将 ETF 卖出，这样就完成了延时套利的全过程。

而中小散户参与投资深证 100ETF 的主要方式是在二级市场买卖。它对投资者的起始投资额要求其实很低，ETF 一手 100 份，只需 100 元左右，即可拥有组合证券，可以极低成本分散投资，降低个股风险。

七、股票如何换购 ETF 基金

办理股票换购 ETF 份额业务需注意哪些事项？

股票换购是 ETF 特有的发行方式，根据本次发售基金管理人的安排，以股票换购深证 100ETF 份额需特别注意以下几点：

股票换购仅限深证 100 指数成分股和已公告的备选成分股，其他股票不能用于换购。每只股票最低换购申报股数为 1000 股，超过 1000 股的部分须为 100 股的整数倍。投资者可以多次提交换购申请，累计申报股数不设上限。

用于换购深证 100ETF 的成分股，价格按发售期的最后一个交易日的均价计算。在发售期内成分股价格出现异常波动的，基金管理人可不经公告，全部或部分拒绝该股票的换购申报。

基金管理人将对申请换购的成分股进行比例配置。根据投资者换购申报日期的先后，按照先到先得的方式确认。如果同一天申报的个股换购数量将突破基金管理人可确认的上限，则按比例分配确认。

以股票换购 ETF，一方面可分散个股投资风险，获得与所跟踪指数对应的收益，有助于改善证券资产的流动性，实现投资者调整资产的目的，另一方面也要考虑到用于换购的股票价格走势与深证 100 指数变化的差异，以及对投资价值带来的影响，审慎分析换购机会与风险。

第三节 如何买卖定期定额基金

一、什么是定期定额基金

定期定额投资简称为“定投”，定期定额的方式类似于银行储蓄“零存整取”的方式。就是指在固定的时间（如每月 8 日）以固定的金额（如 1000 元）投资于同一只开放式基金。它的最大好处是平均投资成本，避免选时的风险。

目前已有很多基金公司推出了“定投”业务。只要每月有几千元的闲钱，就完全可以开始你的“定投”计划。“定投”基民每隔一段固定时间，不论市场行情如何波动，都会定期买入固定金额的基金，当基金价格走高时，买进的单位数较少，而在基金价格走低时买进的单位数较多，这样中、长期累积下来，成本及风险会自然摊低。

一般来说，只要看好市场的未来发展，就可以考虑采用此种方式投资。虽然每次投入不多，但长期以往，发挥复利功效。

定期定额投资基金具有以下几个好处：

第一，定期投资，积少成多。根据自己的收入水平和理财计划，每次定期定额投资的资金多则上千元，少则几百元，但长期下来通过定期定额投资计划购买基金进行投资增值可以“聚沙成塔”，在不知不觉中积攒一笔不小的财富。

第二，平均成本，分散风险。定期定额投资由于每月投资金额固定，当基金净值上涨时，买入的基金份额少一些；当基金净值下跌时，买入的基金份额就会多一些，这样就很自然地形成了“逢高减筹，逢低加码”的投资策略，获得平均的成本，也免去选择投资时机的麻烦，分散投资风险。

第三，定期定额投资的可取之处在于“纪律性”。投资者往往追逐基金以往的表现，在基金表现出色之后买入，在基金回报率下降的时候卖出，这其实是一种按市场时机选择的波段操作。但是定期定额投资可以避免进行这种波段操作，使你成为有纪律的投资者，从而避免盲目追捧热门基金可能造成的投资失误。

因此，一些投资者认为，定期定额投资的最大优点在于其稳定性，这种方法用于投资积极进取或主动投资的基金，往往能取得很好的回报。

二、定期定额投资适合哪些人

定期定额这种小额投资方式适合无大笔资金投资但具长期理财需求的人。对于大多数没有时间研究经济景气变化和市场多空的基金投资者而言，“定期定额投资策略”可以说是相当省时省力的投资方法，并且还可以避免不小心买在高点的风险，因此定期定额投资基金常被称为“小额投资计划”。

定期定额投资基金方法融合了定期存款“零存整取”的观念，并且还有专家理财，免除自己选股的烦恼。这种兼具储蓄、理财的投资方式，相当适合年轻、刚入社会的上班族。

定期定额投资主要适合以下几种人：

（一）领固定薪水的上班族

大部分的上班族薪资所得在扣除日常生活开销后，所剩余的金额往往不多，小额的定期定额投资方式最为适合。而且由于上班族大多无法时常亲自在营业时间内至金融机构办理申购手续，因此设定于指定账户中自动扣款的定期定额投资，对上班族来说是最省时省事的方式。

（二）在未来某一时点有特殊资金需求者

例如3年后须付购房首期款、20年后子女出国留学基金，乃至于30年后自己的退休养老基金等等。在已知未来将有大额资金需求时，提早以定期定额小额投资方式来规划，不但不会造成自己经济上的负担，更能让每月的小钱在未来变成大钱。

（三）不喜欢承担过大投资风险者

定期定额投资有投资成本加权平均的优点，能有效降低整体投资的成本，使得价格波动的风险下降，进而提升获利的机会。

三、定期定额基金买卖的步骤

定期定额投资有“懒人理财”之称，价值缘于华尔街流传的一句话：

“要在市场中准确地踩点入市，比在空中接住一把飞刀更难。”如果采取分批买入法，就克服了只选择一个时点进行买进和沽出的缺陷，可以均衡成本，使自己在投资中立于不败之地，即定投法。

那么，定期定额基金买卖的步骤有哪些？

步骤1：到哪里定期定额买基金？

若已开立基金账户，只需在日常基金交易时间携带有效证件、资金卡或银行卡到指定代销机构网点签订定期扣款协议，约定每月扣款时间和扣款金额。

若尚未开立基金账户，可到营业网点申请开立基金账户，同时开办定期定额业务。

若尚未有银行账户，须先开立银行账户，用于定期扣划申购资金。开户和申购可同时在代销机构的网点办理。

步骤2：决定多少钱投资？

根据个人的收入支出情况，确定每期投资的金额。可以举一个例子，假如一对夫妇计划为其儿子建立一个教育基金，假设儿子刚上小学，投资年限为16年，已经决定投资华夏基金旗下的华夏成长证券投资基金，期望年收益率为10%，每期扣款500元，申购费率为1.8%，收费方式为前端收费，将这些信息输入华夏基金公司提供的定期定额投资计算器，可以得出到期收益为134984.26元，期间申购总费用1728.00元，到期本利合230984.26元，这样一笔钱，应该可抵孩子读大学和研究生的费用。从这个例子也可以看出定期定额投资将小钱变大钱和复利效应的威力。

步骤3：基金定投最低申购金额是多少？

不同渠道对定投最低金额的限制不同，如工商银行定投业务每月最低申购金额为200元，追加投资的差额须为100元的整数倍。而招商银行每月最低申购金额为300元。

步骤4：基金定投每月何时扣款？

基金定投划款期限通常为一个月，但不同代销渠道约定的每月扣款日期有不同。如，工商银行定投业务每月扣款时间为每月的第一个工作日，投资期限有3年和5年两种。而招商银行扣款时间则为每月8日。

步骤5：基金定投如何计算持有期？

在不同渠道办理定投，对基金持有期的计算也有所不同。如工商银行、招商银行，持有时间按照各笔投入分笔计算，客户可以在定投期满之前随时赎回；而广发证券对持有时间则统一从首次扣款算起，但客户无法在定投合同到期前办理赎回。

步骤6：如何退出基金定投业务

基金定投业务退出有两种方法。一种为自动退出，投资者主动提出退出基金定投申购业务申请，基金管理公司确认后，定投业务停止，系统停止扣款。另一种为违约退出，投资者指定的扣款账户内资金不足且投资者未能按照约定补足申购资金，系统将记录投资者违约次数，到达一定的次数之后，系统自动终止基金定投业务。违约次数的规定各个银行有所不同，如工商银行定投系统设定为3次，交通银行则设定为2次。通过基金定投计划申购的基金份额，投资者也可以在申购业务受理时间内办理已购基金的赎回业务。

步骤7：基金暂停申购时定投怎么办

最近，不少开放式基金曾宣布暂停申购，暂停的时间有时长达数月。那么如果投资者定期定额投资的基金暂停申购，每个月还会按期扣款申购吗？

目前基金公告暂停申购的时间内，基金定投也会相应暂停。等到基金恢复正常申购时，原先的基金定投计划也会随之继续。由于不少基民要求基金暂停申购时，基金定投可以不受影响，相应的规则今后可能会发生改变，具体要看基金公司的公告。

四、让定期定额基金多赚钱的方法

定期定额与每月“定额储蓄”仍有一定区别，你可以活用各种弹性的投资方法，提高投资效率。

（一）最好选股票型基金或者是配置型基金

债券型基金等固定收益工具相对来说不太适合用定期定额的方式投资，因为投资这类基金的目的是灵活运用资金并赚取固定收益。投资这些基金最好选择市场处于上升趋势的时候。市场在低点时，最适合开始定期定额投资，只要看好长线前景，短期处于空头行情的市场最值得开始定期定额投资。

（二）对于选择波动大还是绩效较平稳的基金可作如下考虑

波动较大的基金比较有机会在净值下跌的阶段累积较多低成本的份额，待市场反弹可以很快获利。而绩效平稳的基金波动小，不容易遇到赎回在低点的问题，但是相对平均成本也不会降得太多，获利也相对有限。

其实，定期定额长期投资的时间复利效果分散了股市多空、基金净值起伏的短期风险，只要能坚守长期扣款原则，选择波动幅度较大的基金更能提高获利，而且风险较高的基金的长期报酬率应该胜过风险较低的基金。因此，如果有较长期的理财目标，如 5 年以上至 10 年、20 年，不妨选择波动较大的基金，而如果是 5 年内的目标，还是选绩效较平稳的基金为宜。

（三）依财务能力调整投资金额

随着就业时间拉长、收入提高，个人或家庭的每月可投资总金额也随之提高。适时提高每月扣款额度也是一个缩短投资期间、提高投资效率的方式。

（四）活用各种弹性的投资方法

你可以搭配长、短期理财目标选择不同特色的基金，以定期定额投资共同基金的方式筹措资金。以筹措子女留学基金为例，若财务目标金额固定，而所需资金若是短期内需要的，那么就必须提高每月投资额，同时降低投资风险，这以稳健型基金投资为宜；但如果投资期间拉长，投资者每月所需投资金额就可以降低，相应可以将可承受的投资风险提高，适度分配积极型与稳健型基金的投资比重，使投资金额获取更大的收益。

（五）达到预设目标后需重新考虑投资组合内容

虽然定期定额投资需要较长时间才可以显现出最佳效益，但如果投资报酬在预设投资期间内已经达成，那么不妨检视投资组合内容是否需要调整。定期定额不是每月扣款就可以了，运用简单而弹性的方法，就能使你的投资更有效率，早日达成理财目标。

第四节　如何买卖 LOF 基金

一、什么是 LOF 基金

LOF（Listed Open – Ended Fund）基金，即“上市型开放式基金”。也就是上市型开放式基金发行结束后，投资者既可以在指定网点申购与赎回基金份额，也可以在交易所买卖该基金。LOF 提供的是一个交易平台，基金公司可以基于这一平台进行封闭式基金转开放、开放式基金上市交易等等，但是不具备指数期货的特性。

LOF 是指通过深交所交易系统发行并上市交易的开放式基金。在基金募集期内，投资者除了可以通过基金管理人及其代销机构（如银行营业网点）认购之外，还可以在具有基金代销资格的各证券营业部通过深交所交易系统认购。不过，投资者如果是在指定网点申购的基金份额，想要上网抛出，须办理一定的转托管手续；同样，如果是在交易所网上买进的基金份额，想要在指定网点赎回，也要办理一定的转托管手续。根据深圳证券交易所规定已经开通的基金场内申购赎回业务，在场内认购的 LOF 不需办理转托管手续，可直接抛出。

LOF 基金的主要特点有三：

LOF 本质上仍是开放式基金，基金份额总额不固定，基金份额可以在基金合同约定的时间和场所申购、赎回。

LOF 发售结合了银行等代销机构与深交所交易网络二者的销售优势。银行等代销机构网点仍沿用现行的营业柜台销售方式，深交所交易系统则采用通行的新股上网定价发行方式。

LOF 获准在深交所上市交易后，投资者既可以选择在银行等代销机构按当日收市的基金份额净值申购、赎回基金份额，也可以选择在深交所各会员证券营业部按撮合成交价买卖基金份额。

基金在银行等代销机构的申购、赎回操作程序与普通开放式基金相同。上市开放式基金在深交所的交易方式和程序则与封闭式基金基本一致，买入申报数量为 100 份或其整数倍，申报价格最小变动单位为 0.001 元。上市开放式基金交易价格的形成方式和机制与 A 股一致。

二、买卖 LOF 的注意事项

在 LOF 基金买卖过程中，新基民应该注意以下几个问题：

第一，上市开放式基金募集期结束后，如何交易？

LOF 募集期结束后，投资者有两种交易方式：基金开放后，投资者可通过基金管理人及其代销机构营业网点以当日收市的基金份额净值申购、赎回基金份额；基金在深交所上市后，投资者可通过深交所各会员单位证券营业部以交易系统撮合成交价买卖基金份额，会员参与 LOF 交易不受开放式基金代销资格限制。

第二，交易 LOF 的费用有哪些？

投资者通过深交所交易系统买卖上市开放式基金需缴纳交易佣金。交易佣金的收取标准与封闭式基金相同。投资者通过基金管理人或代销机构申购、赎回 LOF 需缴纳申购费、赎回费。申购和赎回费率由基金管理人在《基金招募说明书》中约定。

第三，如何查询基金净值？

投资者可通过下列渠道查询基金净值：（一）深交所于交易日通过行情发布系统揭示基金管理人提供的前一交易日的基金份额净值及百份基金份额净值，投资者可通过各行情分析软件的设定在相应位置查询。（二）基金管理人及其代销机构在其营业场所内揭示基金管理人提供的前一交易日的基金份额净值，投资者可在该营业场所直接查询。此外，投资者还可通过证监会指定报刊及基金管理人的网站查询前一交易日的基金份额净值。

第四，如何办理基金份额的跨系统转托管？

投资者办理基金份额的跨系统转托管有下列两种情形：（一）投资者通过深交所交易系统认购或买入的上市开放式基金份额只能在深交所交易，不能直接申请赎回，如果投资者拟将该基金份额赎回，可以先办理跨系统转托管，将基金份额转入基金管理人或其代销机构，之后再通过基金管理人或其代销机构营业网点赎回。在办理跨系统转托管之前，投资者应确保拟转出基金份额的深圳证券账户已在基金管理人或其代销机构处注册深圳开放式基金账户。同基金份额拟转入的代销机构取得联系，获知该代销机构代码（6×××××），并按照代销机构的要求办妥相关手续（账户注册或注册确认）以建立业务关系。在核实上述事项后，投资者可在正常交易日持有效身份证明文件和深圳证券账户卡到转出方证券营业部办理跨系统转托管。投资者须填写转托管申请表，写明拟转入的代销机构代码（6×××××）、深圳证券账户号码、拟转出 LOF 代码和转托管数量。（二）投资者通过基金管理人及其代销机构认购、申购的 LOF 份额只能赎回，不能通过深交所交易系统卖出，如果投资者拟将该基金份额通过深交所交易系统卖出，可以先办理跨系统转托管，将基金份额转入深交所交易系统，之后再委托证券营业部卖出。

在办理跨系统转托管之前，投资者须同基金份额拟转入的证券营业部取得联系，获知该证券营业部的深交所席位号码。投资者可在正常交易日持有效身份证明文件和深圳证券账户卡（因深圳开放式基金账户有电脑记录但无账户卡，故应携带注册该开放式基金账户时所用的深圳证券账户卡）到转出方代销机构办理跨系统转托管业务。投资者须填写转托管申请表，写明拟转入的证券营业部席位号码、深圳开放式基金账户号码、拟转出 LOF 代码和转托管数量，其中转托管数量应为整数份。投资者 T 日（交易日）申请办理的跨系统转托管若为有效申报，则其申报转托管的 LOF 份额可在 T+2 日到账。亦即投资者自 T+2 日始可申请赎回或申报卖出基金份额。

第五，如果有多个深圳证券账户，在办理基金份额的跨系统转托管时需要注意哪些问题？

基金份额的跨系统转托管只限于深圳证券账户和以其为基础注册的深圳开放式基金账户之间进行，而且每个投资者只能注册 1 个深圳开放式基金账户。所以，如果投资者有多个深圳证券账户，只有已注册深圳开放式基金账户的深圳证券账户中的基金份额才可以转入基金管理人或其代销机构办理赎回业务；其他深圳证券账户中的基金份额只能通过深交所交易系统卖出而无法办理跨系统转托管业务。

第六，持有的基金份额在什么情况下不能办理跨系统转托管？

投资者持有的下列上市开放式基金份额不得办理跨系统转托管业务：处于基金募集期或封闭期的 LOF 份额，权益分派前 R－2 日至 R 日（R 日为权益登记日）的 LOF 份额，处于质押、冻结状态的 LOF 份额。

三、LOF 基金跨市场套利

LOF 最大的亮点在于其可以跨市场套利。LOF 可以存在一级市场和二级市场，也可以像开放式基金一样通过基金发起人、管理人、银行及其他代销机构网点进行申购和赎回。同时，也可以像封闭式基金那样通过交易所的系统买卖。由于上述两种交易方式并存，申购和赎回价格取决于基金单位资产净值，而市场交易价格由系统撮合形成，主要由市场供需决定，两者之间很可能存在一定程度的偏离，当这种偏离足以抵消交易成本的时候，就存在理论上的套利机会。通常，投资者可以通过在二级市场上买入 LOF，并在一级市场上赎回 LOF，从而在两个市场上获得套利收益。要想实现此套利，这两次交易最好是同时进行。但按照深交所公布的 LOF 规则规定，“登记在证券登记结算系统中的基金份额只能在本所交易，不能直接申请赎回；登记在注册登记系统中的基金份额只能申请赎回，不能直接在本所交易”。意思是，LOF 不能在一二级市场之间迅速转换，必须进行转托管。而转托管的时间为两个交易日，即目前的 LOF 套利全过程的完成需要三个交易日，而不能在一个交易日完成套利的整个过程。如果基金单位净值在两个交易日内出现下跌，则投资者不仅不能实现套利，反而会出现损失。因此，这种套利通常只是对资金量较大的机构投资者有利，一般的中小投资者很难从中获得显著的套利收益。

第五节　如何买卖货币市场基金

一、什么是货币市场基金

对理财知识了解不多的人来说，货币市场基金不失为一项不错的投资。货币市场基金是指投资于货币市场上短期有价证券的一种基金，属于开放式基金的一种。货币基金主要投资工具有国库券、商业票据、银行定期存单、政府短期债券、企业债券等短期有价证券。

与传统基金相比，货币市场基金具有以下特点：

基金单位的资产净值固定不变，通常是每个基金单位 1 元。投资该基金后，投资者可利用收益再投资，投资收益用以增加投资者所拥有的基金份额。比如某投资者以100元投资于某货币市场基金，可拥有100个基金单位，1年后，若投资报酬是8%，那么该投资者就多8个基金单位，总共108个基金单位，价值108元。

衡量货币市场基金表现好坏的标准是收益率，这与其他基金以净资产价值增值获利不同。

流动性好、资本安全性高。这是因为货币市场是一个低风险、流动性高的市场。

风险低。货币市场工具的到期日通常很短，货币市场基金投资组合的平均期限一般为4～6个月，因此风险较低，其价格通常只受市场利率的影响。

投资成本低。货币市场基金通常不收取赎回费用，并且其管理费用也较低。

货币市场基金均为开放式基金。货币市场基金通常被视为无风险或低风险投资工具，适合资本短期投资生息以备不时之需，特别是在利率高、通货膨胀率高、证券流动性下降可信度降低时，可使本金免遭损失。

二、选购货币市场基金的原则

各家基金公司对货币基金的投资手段和技巧日趋同质化，所以多数货币基金的收益率差不多，对新基民而言，在实际操作中可以参考以下四项原则：

（一）买老不买新

货币基金和股票型基金不同，股票型基金在发行时的认购费率一般比买老基金的申购费便宜，所以买新基金能节省手续费，而货币基金的认购、申购和赎回都没有任何手续费，所以从手续费的角度来说，买新货币基金不占任何优势。同时，货币基金经过一段时间的运作，老基金的业绩已经明朗化了，可新发行的货币基金能否取得良好业绩却需要时间来检验。另外，新货币基金一般有一定时间的封闭期，封闭期内无法赎回，灵活性自然会受到限制。因此，购买货币基金时应当优先考虑老基金。

（二）买高不买低

受运作水平等因素影响，各货币基金的收益情况也有一定差距，这就需要投资者对货币基金进行综合衡量，优中选优。投资者可以通过晨星、和讯基金等网站查询所有货币基金的收益率排行榜，或者查询各货币基金的历史收益情况，尽量选择收益一直排在前列的高收益货币基金。

（三）就近不就远

受发行渠道等条件限制，并不是所有的银行网点都能买到货币基金，因为货币基金的收益与银行储蓄的差距不是太大，所以购买货币基金要考虑时间成本，应按照就近的原则购买。如果家庭具备上网条件，可以通过网上进行操作，坐在家里便可以轻松申购和赎回货币基金。

（四）就短不就长

货币基金只是一种短期的投资工具，比较适合打理活期资金、短期资金或一时难以确定用途的临时资金。对于一年以上的中长期不动资金，则应选择国债、人民币理财、股票型基金、配置型基金、债券型基金等收益更高的理财产品，以提高资金效率，实现收益最大化。

三、货币基金买卖的诀窍

货币市场基金买卖有以下两个诀窍：

（一）货币基金巧搭银行卡

活用货币基金一个简单的投资法则，就是借记卡买货币基金，贷记卡消费。确实，从现有的金融产品来看，借记卡与贷记卡的灵活搭配使用是当前个人或者家庭管理现金和开源的一个最好的工具。

贷记卡的优点在于被赋予了“先消费，后还款”的现代消费理念。试想一下，在免息期内，充分利用现金还在借记卡上的时间段，做一些流动性强，风险可控且收益不错的短期投资，岂不是一举两得？打个比方，如果在免息期内的短期投资获得了5%的收益，不就等于在这段时间内的所有消费都打九五折了吗？贷记卡和借记卡相比，主要的成本是年费。不过，现阶段免年费的卡是越来越多了，比如招商银行的信用卡，只要一年刷卡满6次（不限定每次的金额），就可以免下一年的年费了，成本也就是零了！

那么，在平均30天左右，最长55天的免息期这段时间内的短期投资都有些什么产品呢？据了解，符合流动性强、风险可控、收益不错这三个预设条件的不外“1天通知存款”、“7天通知存款”和“货币基金”这3个品种了。一般来说，在银行购买的货币基金赎回后都要2个工作日才能到账，但综合收益和操作便捷两因素，首选还是货币基金。特别是用招行一卡通买招商现金增值基金，第一个工作日赎回，第二个工作日上午资金就可以到一卡通的理财专户了，流动性比别家银行的同类货币基金产品更强。几乎都赶上“通知存款”的到账速度了！

购买货币基金时，到底如何搭配合适的借记卡和贷记卡，能达到更好的效果呢？其实对于目前已成立的 10 只货币基金而言，总体差异并不很大。对许多投资者而言，最少的购买成本反而很重要。你想，如果买了某只基金，只能使用某行的银行卡，而自己的工资卡又是别行的，那来来回回的转账就有些辛苦了。

所以选择和货币基金搭配的银行卡应有如下原则：三卡尽量同行，即借记卡、贷记卡和收入卡是同一银行，而贷记卡尽量选择免年费，有消费积分奖励等服务。这样下来，其实选择哪只货币基金也就跟选择在哪家银行有很强的相关性了。

（二）巧用基金转换

设想一下以下情形：你已经购买了 A 货币基金，但此时股票市场已出现转机，为了抓住这次市场机会，投资者可以立即赎回 A 货币基金，等资金到账之后，再去申购 B 股票基金；在此过程中，来回申购赎回，要耗费五个工作日即一个星期的时间，延误投资时机，而且手续繁琐，在申购、赎回股票基金时还要支付高额的申购赎回费。但如果 A 货币基金和 B 股票基金刚好是同一家基金管理公司旗下的基金，则情形就大为不一样了：当你看好市场时，只需方便地将 A 货币基金转换为 B 股票基金，马上可享受市场上涨收益；当不看好市场时，再将 B 股票基金转换为 A 货币基金，立即可避免市场风险，手续简便，费率低廉。

四、怎样计算货币基金的收益

基金每日公布前一个交易日的每万份收益情况以及七日收益率，其中每万份收益是扣除管理费、托管费以及销售服务费之后的净收益。七日收益率是最近 7 个自然日的年化收益率。

货币市场基金的收益每月集中结转一次，如果想在结转前赎回，该如何计算赎回金额？

货币市场基金按照份额赎回，未结转基金收益的处理办法为：赎回金

额 = 赎回份额 × 基金份额净值 + 对应的待支付收益

例如，某投资者赎回 10000 份货币市场基金，若该 10000 份基金份额对应的待支付收益为 16.00 元，则可确认其得到的赎回金额为：10000 × 1.00 + 16.00 = 10016.00 元。

第六节　如何买卖封闭式基金

一、封闭式基金的折价率公式

作为封闭式基金特有的一个概念，折价率通常会使不少新基民犯晕，甚至望而生畏。实际上，了解了“封基”的运行大致过程以及其投资办法后，折价率就不是一个很难理解的概念了。

由于封闭式基金在证券交易所的交易采取竞价方式，因此交易价格受到市场供求关系的影响而并不必然反映基金的净值。相对其净值，封闭式基金的交易价格有溢价、折价现象。

封闭式基金的价格与净值不一致时称基金处于贴水状态，当基金的价格低于其净值时称基金折价，当基金价格高于基金单位净值时称基金溢价。

封闭式基金的折价率公式是：折价率 =（基金净值 - 基金价格）/基金净值 × 100%。

封闭式基金份额总数固定，而基金净值却经常变动，导致交易价格溢价或折价。其中，基金折价是由于供求失衡、供过于求引起的。

牛市或熊市对基金的折价有着根本影响。市场处于熊市，由于投资者对净值的预期是不断下跌的，折价率一般会逐渐变大。当市场处于牛市，由于投资者对净值的预期是不断上涨的，折价率一般会逐渐变小，甚至出现溢价。

各个封闭式基金不同的折价率，是由于市场对各基金管理人的评价不同、基金的费率水平不同、基金投资的专业化程度不同而引起的。

投资封闭式基金，市场上有许多理论和模型，用以判断股票和基金价格的估值。但是，折价率被普遍认为是能清晰、精准地标示出封闭式基金市场价位是否合理的指标。有多只封闭式基金转为开放式基金，折价率消失，对投资收益产生积极影响。

二、投资封闭式基金的技巧

由于封闭式基金成立之后不能赎回，除了成立之时投资者可以在交易所或者指定单位购买之外，一旦封闭式基金成立，投资者只能在证券公司通过交易所平台像买卖股票一样买卖。

由于封闭式基金是交易所的一个交易品种，所以新基民只要拥有证券账户，就可以很轻松地像购买股票一样购买封闭式基金。对于没有证券公司股东账户的人来说，只要带身份证去任意一家证券公司开设股东账户，然后开设资金账户，存入保证金（或者在银行办理银证通业务后把保证金存入银行）就可以买卖封闭式基金。

封闭式基金目前市场折价率非常高，说明封闭式基金有极大的市场潜力和机会。新基民在投资封闭式基金时，需要掌握以下一些投资技巧：

（一）注意选择小盘封闭式基金

特别是要注意小盘封闭式基金的持有人结构和十大持有人所占的份额，如果基金的流通市值非常小，而且持有人非常分散，则极有可能出现部分主力为了争夺提议表决权，进行大肆收购，导致基金价格出现急速上升，从而为投资者带来短线快速盈利的机会。

（二）注意选择折价率较大的基金

因为“封转开”以后，基金的价格将向其价值回归，基金的投资收益率将在很大程度上取决于其折价率，折价率越大的基金，价值回归的空间也相应的越大。

（三）要适当关注封闭式基金的分红潜力

2007 年 5 月份开始，小盘封闭式基金进入一个集中到期的高峰时段，5 月至 7 月有 11 只小盘封闭式基金到期，占到 2007 年到期的 19 只封闭式基金的 58%。据统计，已经成功实施“封转开”的封闭式基金份额获得大幅增长，2007 年 4 月份前实施“封转开”集中申购的基金景业、基金同智、基金久富的份额规模都出现暴增，从原先的 5 亿份分别增长到 106.1 亿份、117.9 亿份、90.8 亿份。总计份额从 15 亿份增长为 314.8 亿份，总规模增长了 20 倍。而近期刚刚完成“封转开”的基金安瑞，在一天之内募集规模达到 110 亿份，显示了投资者对“封转开”基金集中申购的追捧程度。

（四）关注基金重仓股的市场表现和股市未来发展趋势

同样是因为“封转开”以后，基金的价格将向其价值回归的原因。所以，基金的未来涨升空间将和基金重仓股的市场表现存在一定关联，如果未来市场行情继续向好，基金重仓股涨势良好，会带动基金的净值有继续增长的可能，将使得基金更具有投资价值。

（五）投资封闭式基金要克服暴利思维

如果基金出现快速上涨行情，要注意获利了结。按照目前的折价率计算，如果“封转开”的话，其未来的理论上升空间应该在22%～30%，当基金上涨幅度过大，接近或到达理论涨幅时，基民要注意获利了结。

三、快速适应“封转开”

“封转开”预期强烈，赚钱效应爆发对基民来说更可以切实感受。2007年相继将到期的基金多达10多只。而到期后“封转开”也是必然结果。折价率30%左右的几只“封基”，到期后，其市场价与净值间的差价将消失，意味着投资者将有30%左右的收益。因此“封转开”将成为支撑封闭式基金的长期利好。

封闭式基金何去何从，最关心这个问题的恐怕就是基金持有人。在采用“封转开”过程中，需要基金持有人做好以下四个方面的准备：

（一）投资理念应进行及时的调整和转变

封闭式基金采取的是类似于股票的交易方式，这对于操作封闭式基金的基民来说，已经习以为常。而转为开放式基金后，交易方式将发生重大改变。除非不转为LOF、ETF等交易型基金，封闭式基金长期以来的场内连续竞价交易将转变为场外的申购、赎回交易，动态的适时行情将消除，投资者的市场交易氛围将趋淡。一直的投资风格和习惯将由此而被打破。跟随证券市场投资气氛而动，采取“高抛低吸”的操作手法将不再灵验。这些都需要封闭式基金持有人正视和面对，并积极进行投资理念和投资策略的调整。

（二）适应“封转开”后的市场环境

实施“封转开”，只是基金的运作形式和交易模式发生了变化，但基金本身的运作状况并不随之发生根本性的变化，对基金运作业绩的影响也有限。因此，担心“封转开”后基金的业绩发生根本性变化也大可不必。反而重要的是，投资者应当从过去封闭式基金的市场环境中走出来，走进场外的交易环境，并尽快适应这种环境。

（三）购买目前正在发行和运作的开放式基金

对于没有涉足或对开放式基金不了解的基民，特别是对开放式基金的交易流程一知半解或模糊不清的基民，应尽快进行投资和购买开放式基金的学习、研究和演练，从而做好迎接“封转开”实战的心理准备，避免到期投资时的手足无措。

（四）选择渠道商

假定实行“封转开”，封闭式基金的交易方式将由场内市场转为场外市场。原来分布券商营业部的封闭式基金持有人，将面临新的交易渠道的选择问题。由于目前还有众多的券商不具备开放式基金代销资格，还有券商没有与管理封闭式基金的基金管理人签订开放式基金的代销协议，这就会迫使投资者进行渠道的被动性选择。对于习惯于在券商营业部进行封闭式基金投资和交易的投资者，就应当及时根据“封转开”的实施进度和相关的流程安排，进行客户手续的转移工作。

后 记

本书在写作过程中，得到赵潜、张伞雨、刘文裁、柳夏、杨候、李晓静、王京、马本宽、宋佳、黄采虹、刘元元、赵涛、王志哲、欧阳晓、唐明、孙冰客、万柳等人的协助。如果这本书能给股民、基民以实际帮助，我们将感到无限的欣慰。